心の会津

セミドキュメンタリー

長谷川城太郎

歴史春秋社

目次

一、はじめに

「会津魂」とか「会津人魂」とかいう言葉をよく耳にする。その内容を問うと「会津藩士たちの生き様」あるいは「白虎隊精神」などという答えが返ってくることが多い。また「我慢強い生き方」とか「粘り強く生きる」などと答える人もいる。

前者は旧会津藩士の武士道に基づいていると思われる生き方を指すのであろう。後者は会津人気質などの部類に属するものと思われるが、この生き方は会津人に限った生き方ではあるまい。気候条件や経済状態が厳しい東北地方に生きる人々の、共通した気質であると言える。

昭和八年に『会津戊辰戦史』を編纂した荘田秋村（三平）氏によれば、「会津魂とは会津人たるが故に善事を為し悪事を為さず、以て会津人たるの体面を保ち、会津の名を汚さざるの精神を云うのである」となる。「会津人たるが故に善事を為し悪事を為さず」というフレーズに戸惑ってしまう。「会津人たるが故に」という矜持は、何処から来るのだろうか。会津人としての矜恃の根源が、明白になっていない。

近世の会津の歴史に詳しい若い女性に、「会津魂」と言われたら何を連想するかと問うてみた。すると「保科《ほしな》正之の十五ヶ条の御家訓《ごかきん》」という答えが返ってきた。これは現時点の会津ではみごとな答えである。このような答えを返してくる会津人は、非常に数が少ない。

私たち会津人が、今まで触れてきた会津の戊辰の頃のことを書いた歴史書は、会津藩の行動が極端に美化されていたり、あるいは悲惨さが強調されていたりして、歴史書というよりは、物語を読んでいるような感じさえする。会津若松市主催の講演会などに行くと、「会津藩士は、義を貫き通した」などと、講師が力んでみせる。個人名を上げるならば納得も出来ようが、藩士全員の精神構造が同じレベルではなかったはずである。

平成三十年は戊辰戦争百五十周年に当たるとして、街の中に沢山の幟が立てられた。その一本一本に、「「義」の想い　つなげ未来へ―。」と記されている。義という概念をどう捉えるかは非常に難しい。一般市民は、何処まで理解しているだろうか。沢山の人々が納得できるスローガンにしようと言う人は、いなかったのだろうか。

「会津魂」の問題を含めて、会津の近世の歴史に関して、私たち会津人は混沌とした霧の中に置かれているように思えてならない。


まず手始めに、これから多数使用することになる「会津藩」という呼び方から考えてみたい。江戸時代には、会津藩という名称は行政的には存在しなかった。何と呼ばれていたかというと、「松平肥後守《ひごのかみ》家中」あるいは「会津松平家中」などと呼ばれていたと推察される。

「藩」という名称は、明治二年（一八六九）六月十七日に版籍奉還された時に再編成した「府県」と、大名たちの支配を継続させた「藩」とに分けた時に使用された名称で、三年後の明治四年（一八七一）の廃藩置県までの約二年間だけ使われた呼び方である。その時は、鹿児島藩とか和歌山藩というように都市名をもって呼んだと記録にはある。故に薩摩藩や紀州藩などは、行政的には幻の名称である。「松平肥後守家中」は、明治元年（一八六八）九月二十二日に城を明け渡して消滅したので、行政的に「会津藩」などと呼ばれることはなかった。その後、松平容大《かたはる》が陸奥国斗南《となみ》を賜り、家中の大部分が移住していったので、斗南藩と呼ばれたことは確かである。若松周辺は、廃藩置県以前から若松県と呼ばれた時期はある。

それなのに、いつの頃からか「松平肥後守家中」は「旧会津藩」と呼ばれるようになり、そのうちに旧もとられて「会津藩」で通用するようになった。幻の名称ではあるが世の中に受け入れられているので、ここでも「会津藩」という名称を使用して話を進めていくことにする。

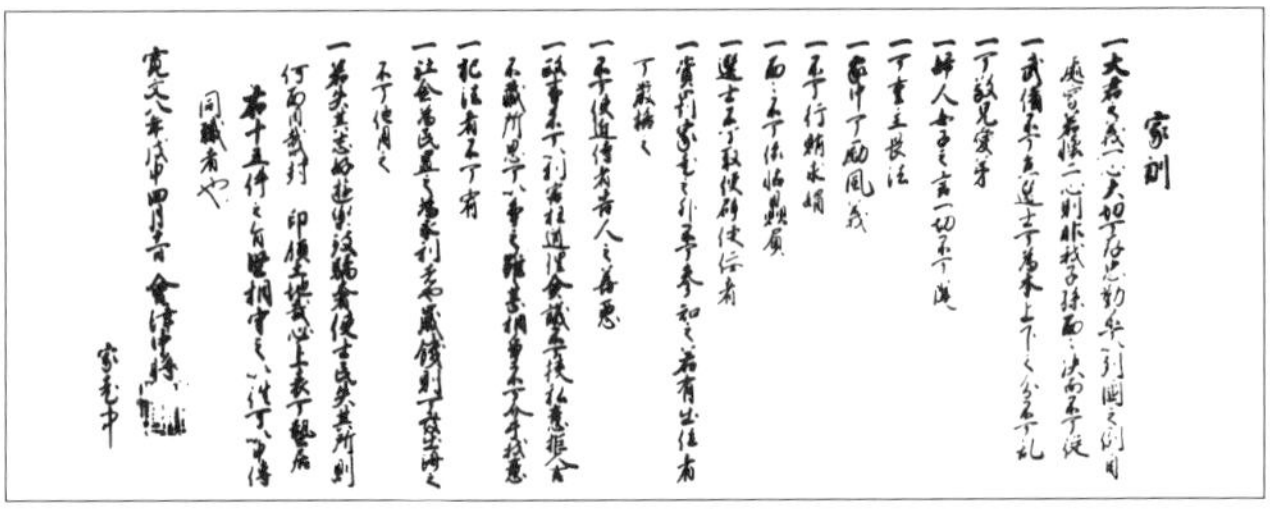

『十五ヶ条の御家訓』（会津若松市所蔵）
寛文８年（1668）保科正之によって作成された。１月11日（御用始）・８月１日（八朔）、12月18日（御用納）の年３回、城中で家臣一同拝聴する慣わしがあったと伝えられている。

江戸時代の武士と呼ばれた階層は、朱子学を基盤として身分制度を構築し、世界史的に観てもしっかりと統制されていた集団であったと言える。中でも会津藩の人々は徳川宗家の親藩ということもあり、寛永十三年（一六三六）七月、高遠《たかとお》三万石から出羽国最上（山形）二十万石に移封され、寛永二十年（一六四三）夏、会津二十三万石に入部という破格の扱いを受けた時から、とりわけ緊張した生き方をしてきたと推察される。徳川家に習って朱子学を積極的に取り入れ、『十五ヶ条の御家訓』なるものを制定し、約二百年間に渡って城中に於いて、定期的に読み聞かせを行って徹底を図ったと伝えられている。その勤勉さ、律儀さは感服に値する。江戸時代末期になって、時代の変貌との食い違いに気付いていた家臣も多数存在したはずであるが、そのことは会津の歴史書の中には何処にも記述されていない。

会津藩の原型は、江戸時代初期に信州の山間部、高遠二万五千石を所領とした保科家中と称した武士集団である。将軍家の血を受けた正之を養子にしたため、五千石を増額されて三万石となり、寛永十三年七月、最上二十万石に国替えとなる。この時、保科家中は、多数の家臣を雇わねばならなくなった。保科家に替わって、高遠へ国替えになった鳥居家の家臣の多くを雇うように希望されたが、正之は鳥居家中が多くなるのを嫌って、限定的にしか雇い入れなかったと言われている。当時、徳川幕府の政治方針によって、お取り潰しになった家中が多くあって、数多くの浪人が国中に溢れていた。保科家中は、それらの浪人の中から役に立ちそうな人材を選りすぐって、家中に加えたのである。この時雇われた家臣群は、最上衆とも呼ばれていた。数学者の安藤有益や、猪苗代城代を務めた沼澤出雲重通がこの中にいる。正之は寛永二十年に会津に国替えとなり、二十三万石を拝領した。三万石の増額であるので、新しく雇われた家臣は少数である。

　当然のことながら、保科家中の重臣は高遠時代からの家臣が占め、高遠衆と呼ばれて、藩の政治を仕切ったのである。蘆名家から鳥居家を経由して雇われ、後に家老クラスに出世した沼澤家などは、降人などと囁かれたという記述もある。伊達政宗に滅ぼされた蘆名家の家臣だった者は、降人なのである。

安藤有益の墓
（会津若松市大龍寺）
数学者・天文学者である安藤有益も、最上衆に属する。彼が考案した高度計は、流刑地、西会津町極入に現存している。

沼澤出雲重通の墓
（会津若松市大龍寺）
金山谷山ノ内氏の一族。鳥居氏に仕えていて浪人となり、最上に移封された保科氏に雇われた。故に最上衆に属する。子孫は幕末まで会津藩に仕えた。

江戸時代中期に記録された、『諸士系譜』という書物がある。全五十八巻に渡って、当時の藩士の家系が記録されている。二巻ほど欠けているので、藩士全員のものが残っているわけではないが、千二十三家の名前が載っていて、その人々の系譜や出自などを知ることが出来る。その中で、祖先の本国（出身地）が、「会津」であると判断されるのは六家という調査記録がある。出自が会津と記されている六家は、保科家中が会津入りした時に雇われたとは限らない。大半は、最上入りした時に雇われている。筆者の調査では会津出身者と数えてよいのは七～八家ではないかと推察される。

『要略　会津藩諸士系譜』（歴史春秋社）
芳賀幸雄編著で上・下二巻にまとめられている。1023家の出身地や禄高を知ることが出来る。

会津という土地は、古代に於いては蝦夷を抑える要所であり、近世に於いては、外様大名を牽制できる有力な大名を入れ替わり立ち替わり配置していたので、住んでいた人々は全国各地から集まってきていたと推察される。

最上から移住してきた武士集団は、土着も含めて少なくとも四百年以上前から会津に住んでいた百姓たちを支配し、彼等の作った米を年貢として徴収していた。だからといって、高遠衆や最上衆に、会津人の気質や考え方が転移するとは思えない。当時の武士階級の人口は、総人口の六パーセント未満というのが定説である。百姓たち（農民・職人・商人なども含む）は支配されていただけで、武士に対して、会津人の精神文化を移植できるような立場には置かれていないのである。

将軍家の血を受けた正之を藩主として、江戸時代を駆けぬけた会津藩士と呼ばれた武士集団は、後世の人々によってかなり美化された歴史を背負わされて今日まで来ている。勿論、輝く部分もあったが、陰の部分も見逃してはならない。会津藩士のみならず、幕末に会津に生きた人々の真実に近い姿を追求して、これから生きていく人々のよすがになれば幸いである。

二、会津藩の光と陰

それではまず、三代将軍家光の異母弟に生まれ、四代将軍の補弼役《ほひつやく》として名声を博したと会津では伝えられている、保科正之の光と陰に関する事柄から話を進めていくことにする。

元和三年（一六一七）十一月、二万五千石だった保科家は幸松丸《こうまつまる》（正之）を養子に取ったため、五千石を増加されて三万石となった。寛永十三年（一六三六）七月、正之二十六歳の時、最上（山形）二十万石に転封されることになる。

その頃、出羽国村山郡白岩郷（山形県西村山郡西川町及び寒河江《さがえ》市などの地域）の百姓たちは、領主酒井長門守忠重の苛政に苦しみ、幕府への直訴を敢行した。寛永十年（一六三三）のことである。

その結果、白岩郷は幕府の直轄地となり、幕府代官小林十郎左衛門が新たな統治者となったが、百姓たちが抱える問題は解決しなかったらしく、その後も騒動は続いていた。やがて「反逆同前之体」となり、代官の手には負えない状態となったところで、最上に配置されていた保科家が解決を命じられたのである。

たまたま帰国していた保科正之は、城代家老の保科民部正近を白岩郷に派遣して、実態を調査させている。その結果、沢山の不安要素があると判断した城代家老保科民部と城主保科正之は、百姓たちを罠に掛けるのである。

「その方どもが申すところはもっともであるが、幕府のお役人にたてついたのだから許されるかどうかは判らない。ちょうど、最上のお殿様が帰国なさっているから、訴状連判をしたもの皆が申し合わせて、三々五々目立たないように最上に行って、皆が揃ったところで訴状をまとめて、殿様に直訴したら良いではないか。但し、私がこのような手立てを教えたことは、絶対に漏らしてはならぬぞ」

百姓たち三十五名は、民部に教えられた通りに行動した。しかし、全員が最上に集結したところを、最上藩士たちに捕らえられてしまったのである。

代官小林も藩主正之も幕府に報告して指示を待ったが、なかなか回答を得られなかった。幕府の指示がないいま、正之は三十五名を山形県山形市長町河原にて磔の刑に処した。正之が最上に転封されて三年目、寛永十五年（一六三八）の出来事であった（三十六名という史料もある。寒河江市誓願寺に建立された「白岩義民の碑」には、三十八名の名が刻まれている）。

白岩義民の碑（寒河江市白岩誓願寺）
寛永15年（1638）最上藩（藩主保科正之）によって処刑された白岩村百姓たちの供養碑、38名の名前が書かれている。騒動から凡そ50年を経た元禄年間に、庄屋・和田庄左衛門が建立した。

将軍家光は、幕府の指示が届かないまま処刑した正之のこの行為を責めることはなかった。この仕事を中心になって執り行った保科民部正近は、正之の信頼も益々厚くなり、千石を加増され、会津入部の際は御城請取の大役を果たしている。

正之の事蹟を語る時、会津の人々はこの事件については、避けて通る傾向が見受けられる。この事件は、正之にとって光ではなく、陰の部分であると考えているからだろう。幕府の施政に意見を申し立てる百姓たちを、幕府の許可を待たずに処刑したことは、正之の行き過ぎた行為であったという見方をしているからかも知れない。罠にはめて三十五名もの命を絶つことは、現在の視点で見れば乱暴な行為ということも出来ようが、白岩騒動は、関ヶ原の戦いが終わってから四十年も経っていない時期であった。敵の首一つ取ってなんぼという考えの人が、沢山生き残っていた時代だったのである。

当時、幕府は島原の乱を治めるのに四苦八苦していた。天草四郎時貞を首領に、三万八千人の地元の武士や百姓たちが原城趾に立て籠もって抵抗した。

幕府は十二万人の兵力を動員し、戦費約四十万両を費やして対応していた。寛永十五年二月に落城させ、乱に参加した島原の武士や百姓たち三万八千人中三万五千人を殺戮している。その年の半ば過ぎに一応の決着を見て、同年七月十七日（十九日という説もある）に島原城主松倉勝家を、施政不行き届きの罪で斬刑に処している。

正之が白岩騒動の首謀者たちの磔刑を実行したのは、同年七月二十一日であった。島原領主松倉勝家処刑の情報が、江戸から伝えられたかどうかは判らないが、島原の乱と白岩騒動は、幕府にとって全く関係のないことではなかったはずである。島原がようやく治まりかけたのに、東北でも乱が起こったのでは、出来て間もない幕府は解体してしまうかも知れないという不安があったと思われる。不安の火種を、正之は果敢なやり方で消したのである。正之の行為は、幕府側から見れば陰ではなく、光の行為だったと筆者は思っている。

桜ヶ丘地蔵堂　～島原から来た地蔵様～

桜ヶ丘地蔵堂（会津若松市東栄町）

最上藩主保科正之の命を受け、寛永十四年（一六三七）に起こった島原の乱に出陣した阿部井又左衛門が、島原から地蔵像を背負ってきたと伝えられている。合戦時に、この地蔵像を矢弾の楯として使用し、原城の門を開いて味方を引き入れるという大手柄を立てた又左衛門は、その地蔵像を背負って最上に帰ってきた。正之は又左衛門など帰国した者たちから、武士や百姓たち三万五千人が殺戮された島原の乱の様子をつぶさに聞き及んだことだろう。又左衛門は、寛永二十年（一六四三）会津に転封になった時、会津に運び込んで祀ったという。

その頃、幕府は二つの騒動を通して、自分たちが統治しようとしている百姓たちが、社会的な知識力と組織力を着々と身につけてきていることを強く感じていたに違いない。島原の乱では、武士と百姓が互いに武力を行使して解決しようとしたが、白岩騒動では訴訟による抵抗であった。これ以後、近世の一揆の大部分は、訴訟が中心となっていくのである。

聡明な正之は、二つの騒動を経験して、弾圧だけでは人民の統治は難しいと悟ったに違いない。正之の人道的なその後の施政は、これらの出来事から学んだ結果であると思う。

しかし、この白岩騒動が、時が経過するに及んで、正之の陰と変化していくのである。

三十五名の磔刑は、この地域では例がなく、近隣の人々に大きな衝撃を与えたらしく、口伝として語り継がれるようになった。口伝はやがて文章に書かれ、「白岩目安」として流布するようになった。「目安」とは、訴状のことである。「白岩目安」は、やがて『白岩目安往来物』に発展していった。「往来物」とは、今でいう教科書である。

白岩騒動で作成された幕府への訴状が手書きで書き写され、訴状の手本として、各地で学習されるようになったということである。

『白岩目安往来物』は、現在、秋田県・岩手県・福島県・山形県で発見されているが、当然のことながら山形県が最多で、三十件を超えている。

その上、明治期になると、地元の方が処刑された百姓たちを義民として取り上げ、「義民物語」として発表し、人口に膾炙していった。

そこに保科正之の名前が出てくるので、山形県での正之や会津藩の評判は全くよろしくない。これが、最上時代の会津藩の陰の部分である。

会津に移封になった肥後守家中に関して、会津の史書では、陰についてはほとんど取り上げられず、すべてが光のみというのが現状である。正之に至っては、善政の連発で神に等しいような扱われ方をしている。正之の数々の善政についいては、ここで述べるつもりはない。

ただ一つ、気になることがある。九十歳以上の老人全てに、扶持米を支給したという政《まつりごと》についてである。

後世の作家や郷土史家たちが、「年金制度を構築した」などと褒め称えるが、制度というには規模が小さすぎる。医療制度や健康意識が向上してきた現在でさえ、九十歳以上の方は話題となりがちである。当時の領内の人口から見ても、九十歳以上の人というのは、二百人に欠ける人数であったはずである。

一人に一日一人扶持（玄米五合）を与えたと伝えられているから、一年で凡そ一石八斗。現在の金額に換算すると、安い玄米一合は六十二円（平成三十年一月現在）。一日三百十円で、一年間となると十一万三千百五十円となる。金額はともかくも、領内の人口を三十万人とすると、二千人くらいが恩恵を受けるならば制度といっても良いと思うが、二百人弱では長生きのご褒美というところだろう。どのくらいの期間続けられたかも不明である。

保科正之の虚像を作り上げたのは、明治以降の会津人たちであると筆者は言いたい。

世の中が平和な時代は、施政に少々不備があっても大きな問題にはならない。危機に陥った時こそ、その集団の能力や判断力が、運命を左右するのである。

戦国時代の末期、豊臣秀吉の命令で会津に来た蒲生氏郷は、大鉈を振るって構造改革を断行した。城の大改造、寺院の新築や移築、街並みの移転や改造等々を目の当たりにした会津の人々は、時代の変革を腹の底から感じ取ったことだろう。蘆名に仕えていた豪族たちも、武器を隠して農業で生きる道を、わりと容易に選んだに違いない。

その後、様々な武将たちが入れ替わり立ち替わりを繰り返して、寛永二十年（一六四三）から保科正之が領主となって善政を敷くと、安定した時代が続いた。しかし、一七〇〇年代の後半、天候不順のため不作が続き、数多くの餓死者が出たり、藩士たちの礼節が乱れたりする傾向が見られるようになった。そこに田中玄宰が現れて、藩政を立て直すのである。文化五年（一八〇八）玄宰が亡くなると、あとを継ぐ英才が出現しないまま、幕末を迎えることになる。

その幕末、会津藩は大きな危機に遭遇した。

最初は固辞したのだが、大きなリスクがあると誰もが予想していた京都守護職を引き受けて、困難な出来事に敢然と立ち向かっていくのである。財政的な破綻の確率も予想できたはずであるが、それも無視していく無謀とも言える行為。優れた隠密を派遣すれば、最終的に対峙しなければならなくなる長州藩や薩摩藩の蓄財の程度や、国体を変革させなければならないという熱い志、あるいは関ヶ原以来の徳川に対する怨念の程度なども知ることが出来たであろう。

孝明天皇の曖昧さや、将軍徳川慶喜の変わり身の早さに翻弄されながらも、旧体制を必死で守り抜こうとする会津藩主九代松平容保を中核として、高遠衆が首脳陣を形成した会津藩であった。

自刃した丹羽族の墓石（会津若松市大龍寺）
会津若松市内の寺の墓地で、無縁仏扱いになっている。このような事態に対応できる旧藩士の組織はないのだろうか。

戊辰会津戦争の戦闘中に、失敗の責任を取るという形で自決するリーダー的立場の武士が沢山いた。家老の田中土佐玄清（二千石）と神保内蔵助（千石）は負け戦で敗走する途中、医師の土屋一庵（百五十石）の屋敷で刺し違えて自刃したとされている。米沢藩に援軍を依頼するよう命じられた堀粂之助《ほりくめのすけ》は、恭順を決めていた米沢藩に断られると米沢の地で切腹して果てた。行年三十一歳であった。米沢市内の龍泉寺に墓が残っている。

現在の只見町に駐留していた野沢代官丹羽族《にわやから》は、越後方面から大量に流れ込んだ戦争難民の食料が調達できないため、部下と酒を飲み交わして後を託し、命を絶ってみせた。その出来事を知った地元の百姓たちが食料を提供したので、何とか切り抜けることが出来たという話もある。

戦火に見舞われた城下では、城に籠もれと命じられた武士の家族たちの中には、城には行かず自らの手で子どもを殺し、自決して果てた人たちが沢山いた。戦いの手足まといにならないための行為であるといわれている。

主力部隊が不在の郭内を警備していた年老いた武士たちは、鉄砲を持たないため槍を構えて、侵入者の群れの中に突っ込んでいった。和歌の師匠でもあった宝蔵院流槍術師範の野矢常方は、十文字槍を携えて立ち向かって銃弾の餌食となった。その槍の先には、辞世の句が括り付けられていたという。

「弓矢とる身にこそ知らめ時ありて
散るを盛りの山桜花」

戦いのあと、和歌の弟子たちが師匠を埋葬しようと遺体を捜したが、見つかっていない。

白虎隊士中二番隊の少年たちは、戸ノ口原の合戦に敗れて飯盛山に辿り着き、燃え上がる城下を目の当たりにしながら自刃した。その人数に様々な異論が出回っているが、大きな問題ではない。大切なのは一五～七歳の少年集団が、自分たちの判断で自刃という手段を選択したという事実である。

戊辰会津戦争時の城下での戦いの様子を、世間に膾炙していることから拾い出して列記したが、自決した人々はこんな数ではない。

会津藩士と呼ばれた武士集団のこれらの生き様・死に様は、幕末の混乱期の中で、自らの利益のみを追い求める多数の人々の生き様と比して、古今東西に渡ってキラリと輝いて見えるはずである。たとえ会津藩士の領民支配に於いて、沢山の庶民が傷つくような事実があったとしてもである。会津藩政を詳細に洗っていけば、庶民から見ると愚行もしくは過酷とも言える施策と腐敗がこぼれ落ちてくる。それでも彼等の放つ輝きの方が強烈なのである。

彼等の輝く行為を「ストイック」と表現する人も多い。ストイックとは「禁欲的・克己的」と『広辞苑』には記されている。どうもしっくりこない。沢山の人々を魅了している実態から見ても、ロマンに欠ける解釈である。「会津武士は、愚直な生き方をした」などと言う人もいるが、これが一番当たっていない。

『広辞苑』によれば、愚直とは「正直すぎて気のきかないこと。馬鹿正直」とある。自分に対して正直であったなら、自決などはしないし、自分の子どもを刺し殺すなど出来るはずがない。辞世の句を槍先に結び付けて、鉄砲隊に立ち向かう人を、馬鹿正直などと言えるものか。愚直なのではなく、愚直を超えた何かがなくては、出来ることではないと思うのである。

会津藩士たちは、どちらかというと形而上的な存在であった近世の武士道を、具現化してみせてくれたという見方もある。幕末に於いて、会津藩士の生き様があったから、近世の武士の存在を強く意識することが出来るという説もある。会津藩士と呼ばれた武士集団の存在は、今後も様々な形で語り継がれていくことだろう。

以上は、会津藩士の光の部分である。それでは、陰に当たる部分とは何だろうか。

会津藩の中枢を担っていた高遠衆は、躰の深い部分にある種の美学を宿していたと考えられる。その美学は、時としてまばゆく輝く光を発するが、じっと見つめていると、どうしようもない陰りが見えてくるのである。

文久二年（一八六二）、総裁職にあった福井藩主松平春嶽から、執拗に京都守護職への就任を迫られた会津藩主松平容保は、苦しんだあげく、自分の出処進退の判断を家老たちに任せるという行動に出る。

「～しかし、このような重任を拝するとなれば、我ら君臣の心が一致しなければ、その結果は得られないであろう。その方たち、よろしく審議を尽くして余の進退について考えて欲しい」

江戸家老横山主税を始めとする高遠衆を中核とする重臣たちは、容保の悲痛きわまる言葉に胸を打たれたという。協議の結果、彼等が出した結論は、次のようなことであった。

「この上は、義の重さにつくばかりである。他日のことなど、とやかく論ずるべき時ではない。京都守護職をお受けし、君臣もろとも京の地を死に場所にしよう」

緊迫感に満ちた、見事な台詞であると思う。この台詞に感動して、会津藩びいきになった人も沢山いたことだろう。幕末会津藩の光に見える部分ではある。

芝居の台詞なら、これで満点である。しかし、彼等は役者ではなく、政治を担当していた役人であり、彼等の背後には沢山の生身の人間がいるのである。京の地を死に場所にするのは一部の武士のみであり、会津に残った武士や家族たちのことは考えていない。後のことは幕府が何とかしてくれるだろうと思っている。ましてや百姓たちに関しては、全く眼中にない。江戸時代の武士の心中には、常に国替えという政策が去来していた。国替えになれば、年貢を納めてくれる百姓たちがそこにいるのであるから、会津の百姓たちのことは考える必要はないのである。
この台詞は、当時の武士集団の物の考え方の本質を明らかにしていると同時に、会津藩首脳の人間としてのクオリティーの程度を明らかにしている。陰以外のなにものでもない。

京都守護職就任に強く反対していた家老もいたのだが、職を解いて旅に出し、そこに刺客を放ったという説もある。
幕末会津藩の歴史は、物語のような説話が沢山挿入されているので、事実かどうかは不明である。事実であったのなら、ここも幕末会津藩の深い陰の部分である。

明治元年（一八六八）九月二十二日、鶴ヶ城を明け渡して降伏した。様々な屈曲の後、明治二年（一八六九）、幽閉中の会津藩士、家族共々七百名が、北海道開拓のために移住させられた。その他の会津藩の武士集団は斗南藩三万石へ移ることが決定された。

その時のことである。本州の北の最果ての地に、「斗南」などという名称を付けた。中国の詩文「北斗以南皆帝州」から抜き取ったと伝えられている。名称を吟味し、前向きに生きていこうという姿勢はお見事である。当時の首

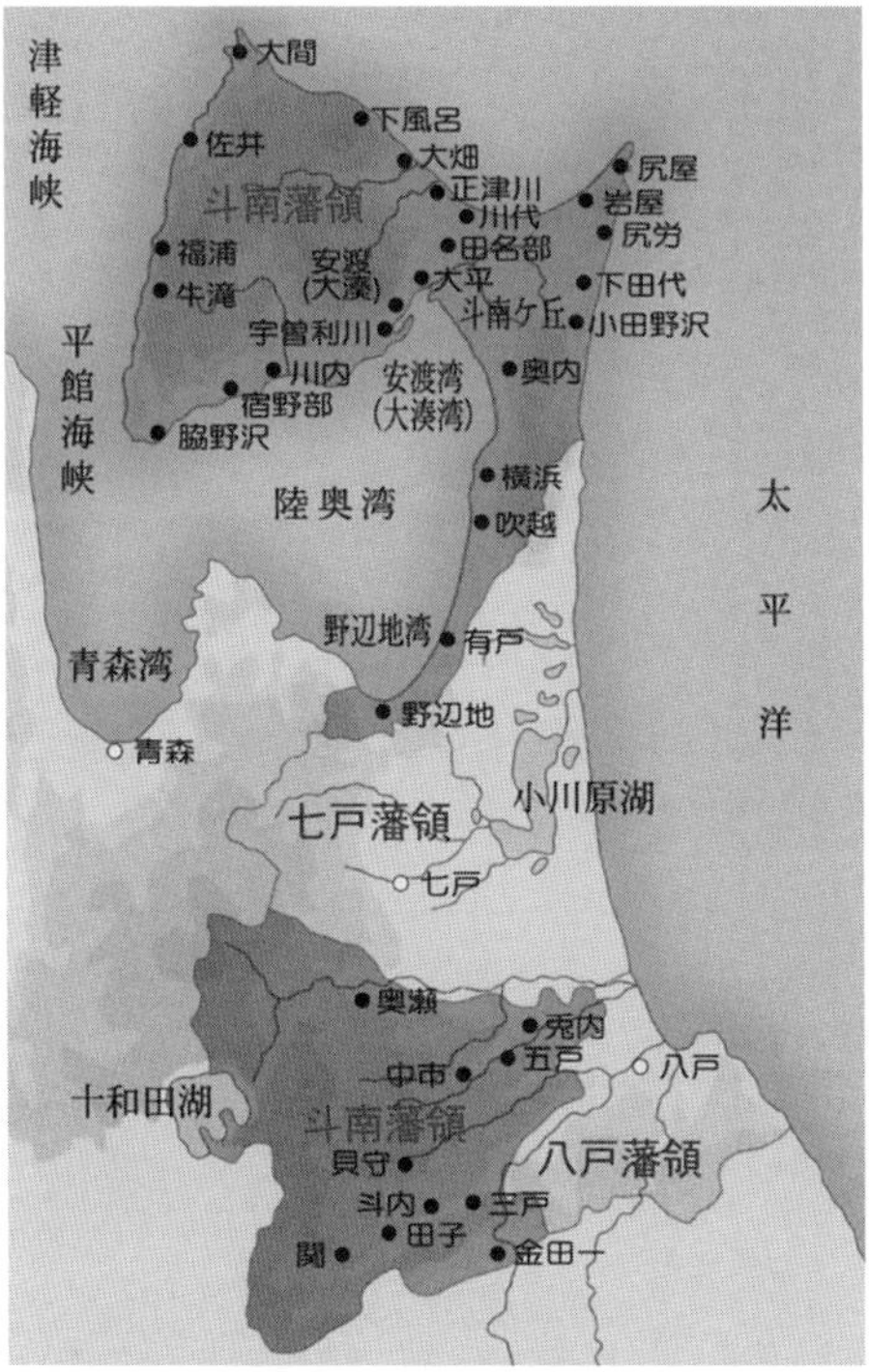

「斗南藩領地図」
(『会津若松市史８　会津近代の始まり』より)
斗南藩は下北地区と三戸・五戸地区に分かれていた。表向きは３万石、実質７千石といわれていた。ここに１万７千余人が移住したのである。藩庁は当初、五戸に設けられ、明治４年に田名部に移された。

脳陣を評価できるのは、ここだけというのが筆者の見方である。

新政府からは、移住先として猪苗代と斗南の二つの土地が示されたが、あえて新天地を目指して斗南としたという説がある。私見ではあるが、新政府は猪苗代を提案してはいないと思っている。

狂気とも言える戦闘を交わした敵が鶴ヶ城の傍にいたのでは、奪還の行動をいつ起こすか解らない。出来るだけ遠方の地に送り、北方の開拓に従事させたいというのが新政府の方針であったらしい。

様々な議論の結果、一万七千余人の人々が敢然と北の地に向かうのである。最果ての地に誇りさえ感じられる名称を付け、整然と旅立つ人々の姿を思い浮かべ、後世の人たちは感動を覚えるのである。これが光の部分のように見える。

しかし、その光景をじっと思い浮かべていると、筆者には怒りを帯びた陰が見えてくる。

一万七千余人を移動させて、実質七千石と伝えられている未知の地で生きていけると判断した首脳陣のお粗末な才覚。北方開拓という任務を負わされていたのだから、新政府に対して、その対策や準備を強く要求すべきであった。

一説には、農業の指導が出来る百姓や医師・僧侶なども同行させるという案もあったとされているが、実現した事実は残っていない。それまでの武士階級と庶民との関係から、同意する人はいなかったと推察される。それならば、当地に行ってからの土木工事や農業の指導者を雇う資金支給を、新政府に強く要求すべきである。鎌や鍬の使い方も知らず、作物を育てる方法も知らない集団を引き連れ、精神力だけで新しい世界が切り開けると思った首脳陣を持ったことが、会津藩武士集団の暗黒の陰の部分である。

本書後半に登場する会津の百姓のリーダーたちと較べて、命を懸けても人々を守るという覚悟も交渉力も持っていない首脳陣であったことが、幕末の会津藩武士集団の大きな不幸であった。

高遠から来た武士集団の首脳陣は、特異な行動パターンを所有している。

危機に直面すると真正面から立ち向かい、真剣に解決の方策を探ろうと試みる。そこで壁に突き当たり破ろうとするのだが、少々手強いと判断すると、美しい台詞を発して突然方向転換を図るのである。京都守護職拝命の時も斗南行き決断の時も、もう一押しの交渉力が不足していると言わざるを得ない。

なぜ、そのような行動を起こすのか。

筆者はこう思う。

高遠から最上を経て会津に辿り着き、二百二十五年間住み着いたこの武士集団は、心の奥底に「滅びの美学」を持ち続けていたのではないかと。また「滅びの美学」とは「生き様・死に様の美学」でもある。

そのような精神を会津藩士と呼ばれている武士集団は、何時、何処で身につけたのか。この謎を解いていくためには、高遠から来た武士集団が、どんな歴史を紡いできたのかを紐解いていかなければならない。

三、高遠の歴史

伊那市高遠町は、現長野県信州地方の山間地に位置する小さな街。現在の人口は約五千八百人（二〇一七・六・一三）、会津の各市町村と同じように、人口減少に悩む地域である。

この一帯は、中世時代から小豪族たちが割拠《かっきょ》して、人々は抗争に明け暮れる、厳しい生き方を強いられていた。NHK大河ドラマ『真田丸』の真田一族の生き方に、その様子を垣間見ることが出来る。

小豪族割拠の伊那地方に、武田信玄が楔《くさび》を打ち込んだのは、天文十四年（一五四五）の後期か天文十五年（一五四六）の前期のことと考えられている。その地方に勢力を張っていた諏訪《すわ》頼重《よりしげ》を切腹させ、小笠原氏・村上氏等の大名は追放し、木曽氏は屈服させた。それから約四十年間、伊那地方は武田一族の支配下にあった。信玄は合戦に強い武将というだけでなく、外交にも長け、内政の整備と産業の育成にも力を尽くした希有の政治家であった。上杉謙信と川中島で数度の合戦を繰り広げ、織田信長と雌雄を決しようとした戦場で、病に倒れたとされている。

天正元年（一五七三）四月、信玄が下伊那の駒場《こまんば》で亡くなると、あとを継いだのは武田勝頼であったが、勝頼の力量不足を嫌って、一部の家臣は武田家の元から離れるという現象が起こったという。勝頼は一般には有能ではなかったと思われがちだが、彼が獲得した領地は、最盛期には信玄を凌ぐ広さであった。

「天下にかくれなき弓取り」これは、信長が勝頼を評価した言葉である。

勝頼は信玄の四男で、四郎勝頼と名乗っていた。武田軍の要《かなめ》である高遠城の城主に指名されたのは、十七歳の時である。信玄の死から八年後の天正九年（一五八一）、勝頼は異母弟で信玄五男仁科五郎盛信《にしなごろうもりのぶ》を高遠城の城主として、自らは新府の韮崎城《にらさきじょう》に移った。この時、仁科五郎盛信は、二十五～六歳であった（異説あり）。

翌天正十年（一五八二）　この年は日本の歴史にとって、大きな転機となった年である。

二月三日、織田信長は諸将に甲斐国攻略の進路を指示した。武田一族の支配下にあった信濃も、その標的となった。信濃攻略の中心は、信長の嫡男信忠である。

三月十一日、滝川一益《たきかわかずます》は勝頼軍を甲斐国田野に包囲し、勝頼軍は敗北。勝頼は、室北条氏女・嫡男信勝と共に自決した。中世に冠たる武田氏が、滅亡した日である。この時、勝頼は三十七歳。

六月二日未明、明智光秀は本能寺に宿泊していた信長と、二条城に逗留していた信忠を襲い自殺させた。いわゆる「本能寺の変」である。この時、信長四十九歳・信忠二十六歳。

六月四日、秀吉は「本能寺の変」で信長が落命したことを隠して毛利輝元《もうりてるもと》と講和し、高松城の清水宗治《しみずむねはる》を衆目の中で自決させ、その後、歴史に残る「中国大返し」を敢行してみせた。

六月十三日、「山崎の合戦」で敗走した光秀は、落ち武者狩りの百姓たちに首を取られたと伝えられている。

この頃の会津領主は、十八代蘆名盛隆であった。東北地方の大名たちや有力武将たちと盛んに交流活動をしている。家臣大庭三左衛門に討たれるのは、この二年後、天正十二年（一五八四）十月六日のことである。

ここで取り上げたいのは、天正十年二月三日から始まった、織田軍による甲斐国包囲の出来事である。織田信忠の軍勢は五万人、その後方に控えるのは織田信長率いる七万の軍勢。その他、徳川家康・北条氏政・金森長近などの軍勢を合わせると、十八万三千余人という記録が残っている。

『高遠記集成』などによると、次のように書き記されている。

・木曽口　織田信長　七万人
・伊那口　嫡男信忠　五万人

・駿河口	徳川家康	三万人
・関東口	北条氏政	三万余人
・飛騨口	金森長近	三千余人
	合計	十八万三千余人

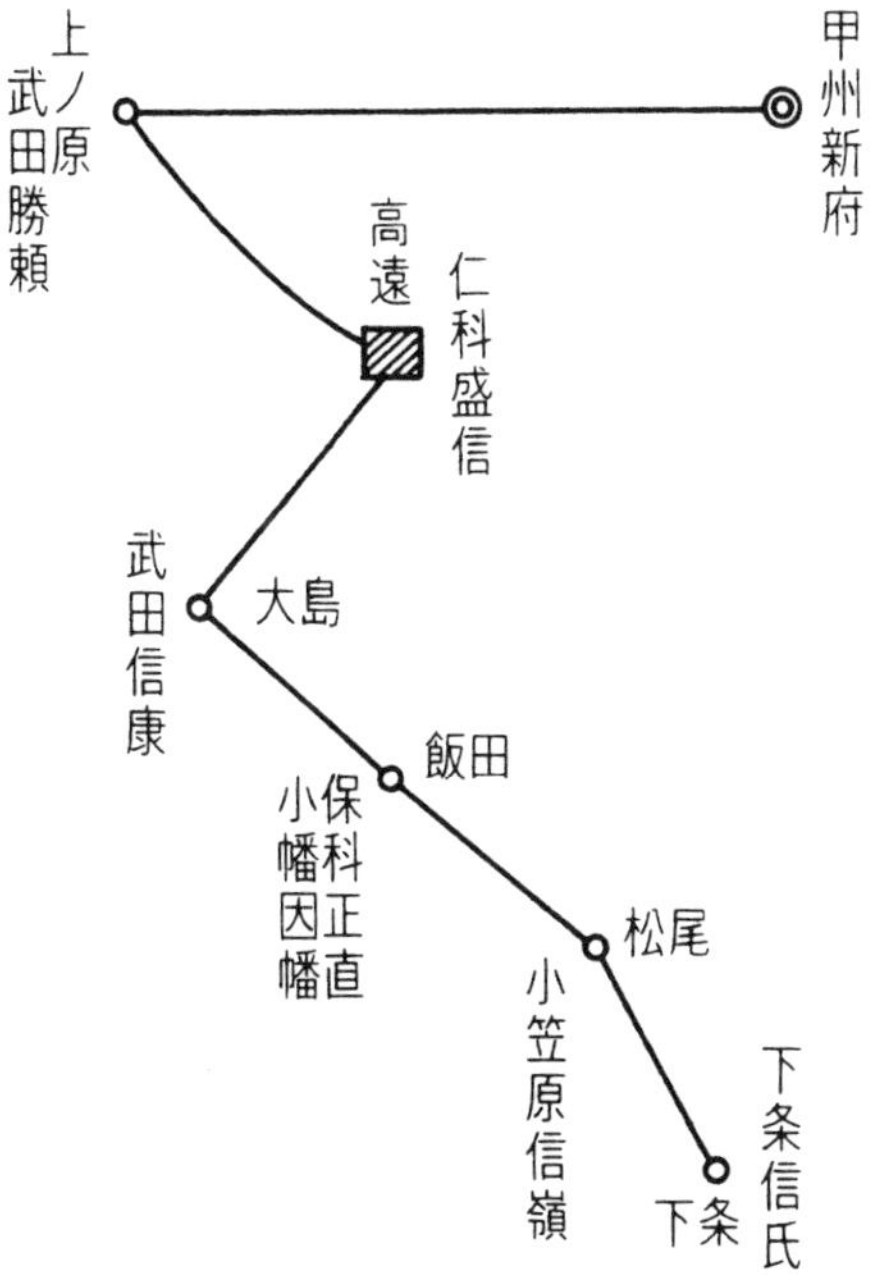

天正10年　武田氏の防備態勢
（伊那市教育委員会提供、『高遠のあゆみ』より）

これに対して、武田側の守備体制は、高遠城には仁科五郎盛信、飯田城には保科《ほしな》正直《まさなお》、松尾城には小笠原《おがさわら》信《のぶ》嶺《みね》、下伊那の大島城には信玄の弟である武田信康《のぶやす》、松本の深志城には馬場大炊助《おおいのすけ》氏貞を配し、武田勝頼は諏訪の

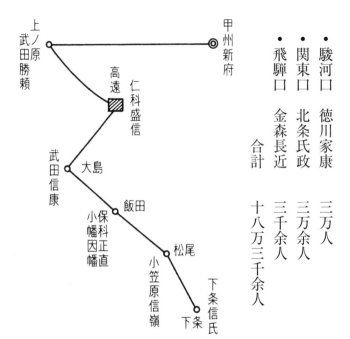

上ノ原城にあって、全軍の指揮を執るという配置をしていた。この時の勝頼軍の兵力は二万人、他の城は山間部の小さな城であったので、配置された兵力は、それぞれ二千〜三千人くらいのものであったろうといわれている。詳細な記録は残っていない。

信長が、少数の兵で多数の軍勢に立ち向かった合戦は、後にも先にも桶狭間の戦いのみである。その他の合戦は、十分に謀略を巡らせておいて、相手の軍勢を凌駕《りょうが》する多数の兵を集め、相手を怯ませ戦わずにして勝つという戦法を採っている。手向かってきたら一気に蹴散らすという、非情な手法で勝ち進んでいった。

甲州攻めは、信長の下知により始まった。高遠城攻略は、嫡男信忠に託された。信忠の軍勢は、二手に分かれて進撃を開始した。五万の兵力に加えて、寝返った一万〜二万の武田兵がいたと伝えられている。

断っておくが、朱子学などで主君への忠誠心をたたき込まれていない中世の武士は、近世の武士とは生き方にかなりの相違があるのである。自分が仕える御屋形様《おやかたさま》が有能でないと感じたら、有能な御屋形様のもとに移動するし、自分に力があったなら御屋形様を倒して、自らが一族を率いることを考える。より力のある者が一族を束ねるという行為は、天の指し示す道である（天道思想）と信じていた。自分を含む一族が生き残ることに、大きな価値観を見いだしていた時代なのである。だから、敗色濃厚な合戦などはしないというのが、一般的な武士の常識的な考え方であった。

五万の軍勢に攻め込まれた伊那地方の大方の武田一族は、中世の武士らしく、逃げるか信忠軍の一員となるかの道を選んでいる。平谷・浪合の街道筋の要害に配置された下条《しもじょう》伊豆守信氏の家老下条九兵衛は、逆心を起こして城主下条信氏を追い出し、信忠軍を信濃路へ誘い込んだ。信忠軍は一戦も交えることなく、武田の領地に侵入することが出来た。

松尾城主小笠原信嶺も、かねてより信忠の陣所に内通を知らせる使者を送り、伊那口の先陣として加勢することを誓っていた。

飯田城の守将であった保科正直（後に保科正之の養祖父となる）は、下条信氏の敗走と松尾城主小笠原信嶺が心変わりして、信忠と共に飯田城に迫ってくることを知ると、二月十四日の夜に夜陰に紛れて、いずことなく遁走したと『高遠町誌』は伝えている。

拠点とも言える大島城を守備していた信玄の弟武田信康は、二月十五日に城を開けて家臣と共に出奔してしまった。このようにして下伊那の数々の城は、戦いを交えることなく、信忠の軍勢の手中に落ちてしまうのである。

信忠軍は、高遠城の城兵たちも敗走するであろうと待っていた。しかし、一向にその気配が見えない。それで信忠は二月二十九日、高遠城に立て籠もる城将に、降参を促す手紙を送ることにした。使者には一人の僧が選ばれて高遠城を訪れ、仁科五郎盛信にその旨を伝えた。降伏を促す書状には、降伏すれば当座の褒美として、黄金十両を与えると記されていたという。

盛信は、信忠の提案を厳しくはね除けた。使者の僧の鼻と耳をそいで追い返し、決戦の意志を示したのである。

高遠城はこの時、周辺の味方の軍勢は皆敗走して、孤立無援の状態であった。城将仁科五郎盛信の反応を見て、信忠は高遠城攻撃の下知を下した。信忠軍は五万人に寝返った武田兵を加えて六万余、籠城している仁科軍は約三千人と伝えられている（籠城の人数については様々な説がある）。信忠の後方に控える信長は、七万人余の軍勢であった。

信忠と信長は高遠城攻略について、絶えず書状を交わしながら、戦略を練っていたといわれている。激高して激しい行動を取りがちであると思われている信長は、この場面では、信忠に対して慎重な行動を取るよう、たびたび戒めの書状を送っていた。例えば、副将の河尻与兵衛宛に「滝川一益とよく相談して、自分が出馬して参戦するまでは、決して無理な行動をせぬように信忠に申し伝えよ」とか、「森勝蔵や梶原平八郎などの若手が戦功をあせるあまり、抜け駆けをさせぬようにせよ」とか繊細な心配りをしている。このあたりに、信長の本質を垣間見ることが出来る。

天正十年三月朔日、信長から副将河尻与兵衛への何通目かの書状が届かぬうちに、信忠は高遠城攻略への行動を起こした。『信長公記』には次のように記されている。

三月朔日、三位中将信忠卿飯島より御人数を出され、天龍川被乗越貝沼原に御人数被立、松尾ノ城主、小笠原掃部大輔爲案内者、河尻与兵衛・毛利河内守・団平八・森勝蔵、足軽に御先へ被遣、中将信忠卿ハ御ほうの衆十人計召列、仁科五郎楯籠候高遠之城川よりこなた高山へ懸上させられ、御敵城之振舞様子被成御見下墨、其日ハかいぬま原に御陣取、高遠之城ハ、三方さがしき山城に而、うしろハ尾続き有、城之麓西より北へ富士川たきって流、城之拵殊丈夫也、在所へ入口三町計之間下ハ大河、上ハ大山そわつたひ、一騎打節所之道也、川下に浅瀬有、爰を松尾の小笠原掃部大輔案内者にて、夜之間に、森勝蔵・団平八・河尻与兵衛・毛利河内、此等之衆乗渡し大手之口川向へ取詰候、星名弾正飯田之城主にて候彼退出之後高遠城へ楯籠爰に而城中に火を懸御忠節可仕之趣、松尾掃部かた迄夜中に由来候へとも可申上透もなく、三月二日、払暁に御人数被寄、中將信忠卿ハ尾根を搦手之口へ取よせられ、大手之口、森勝蔵・団平八・毛利河内・河尻与兵衛・松尾掃部大輔、此口へ切而出、数刻相戦数多討取候間、残党逃入也、か様候処、中將信忠御自身御道具を被持、争先塀際へ被付、柵を被破塀之上へあからせられ、一旦に可乗入之旨御下知之間、我不劣と御小姓衆御馬廻城内へ乘入、大手搦手より込入込立られ火花を散し相戦、各被疵討死算を乱すに不異、歴〳〵之上臈子供一〳〵に引寄〳〵差殺切而出働事不及申、爰に諏訪勝右衛門女房刀を抜切て廻無比類働前代未聞之次第也、又十五六のうつくしき若衆一人弓を持台所之つまりにて餘多射倒し矢数射盡し後にハ刀を抜切而まハリ、討死手負死人上を下へと不知員

「三月朔日、三位中将信忠郷は飯島より軍勢を発進させ天竜川を渡って貝沼原に陣取られた。松尾の城主小笠原掃部大輔を案内人に立て、河尻与兵衛・毛利河内守・団平八・森勝蔵・足軽などを先行させた。信忠自身は周りのもの十人ほどを引き連れ、高遠城と川を隔てた白山に登り高遠城の様子を偵察

していた。翌三月二日早朝卯ノ刻（午前六時頃）、信忠は高遠城への攻撃開始を命じた。織田勢は、勝間、的場、殿坂口の三手に分かれて城を目指した。高遠の城兵たちは防備の主力を城東の月蔵山に集結させた。城内には少数の兵を残し、城外で織田軍を迎え撃つ戦法を採った」

この時の兵力について『晴清忠義伝』では、織田軍は元々の兵力五万、下伊那方面で降参した者を加えてほぼ六万、高遠城兵の数は千人に満たない数であったと記しているが、両軍の兵員の数を正確に記録した史料は存在しない。

早朝卯ノ刻（午前六時頃）に始まった合戦は、辰ノ刻（午前八時頃）になっても、籠城組は持ちこたえていた。城の対岸、白山の頂上で眺望していた信忠は、堪えきれずに手勢約千名を引き連れて、三峰川を渡って高遠城に迫った。新たな手勢を迎えた高遠城の籠城組は、疲労困憊していた。時刻が経過するにつれて、倒れる城兵の数は増加していった。

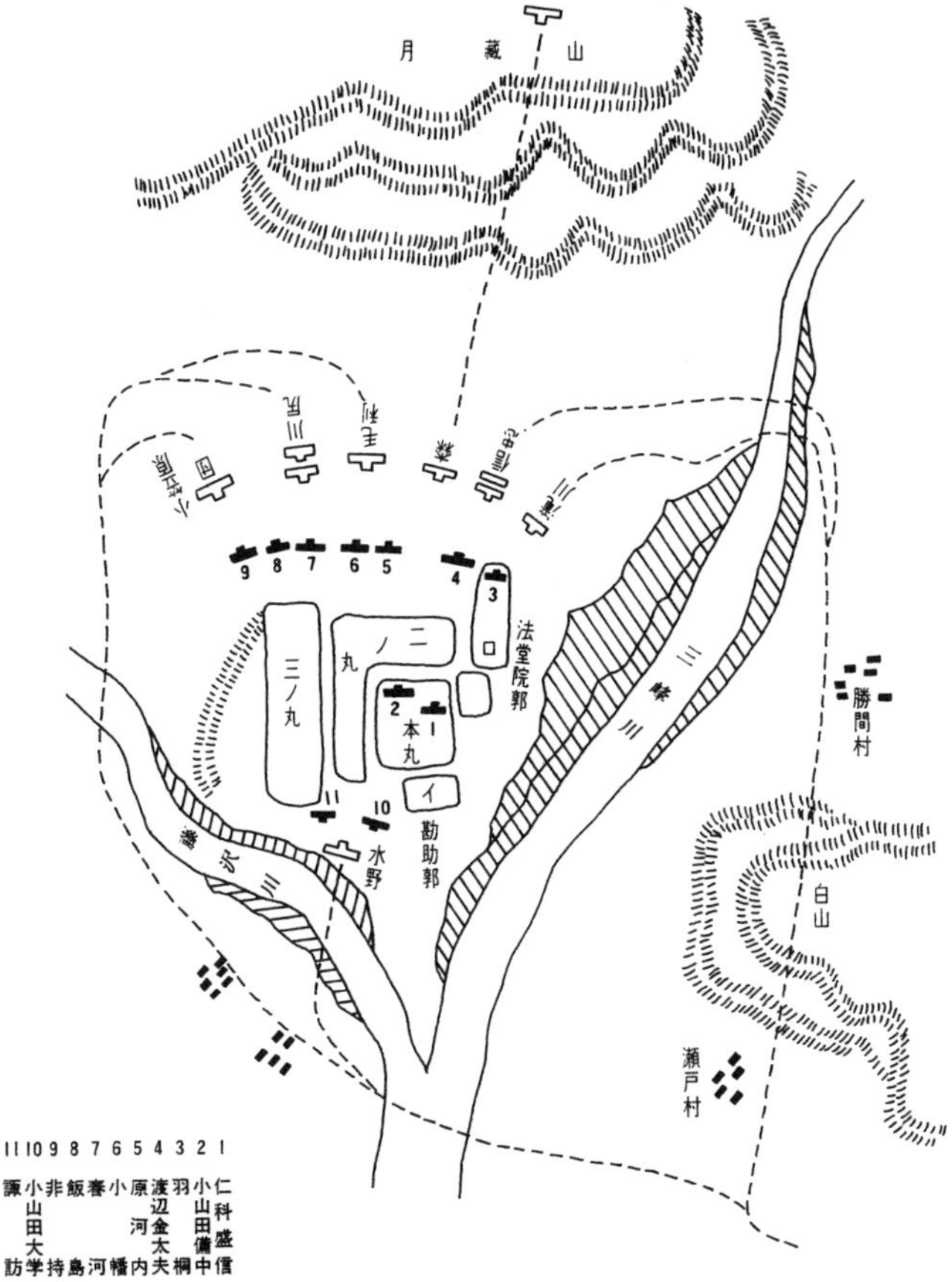

高遠城における織田、武田両軍の戦闘配置図
(伊那市教育委員会提供)

先頭に立って城兵を指揮していた城主仁科五郎盛信は、股に鉄砲傷を負って本丸に後退した。盛信の姿が消えると織田軍は、雪崩を打って城門に迫ってきた。間もなく城門は破られ、織田軍は城内に乱れ込んできた。「戦闘は熾烈を極めた」と、『高遠町誌』は記している。織田信忠は抜刀して高遠城の塀際に取りつき、「攻めろ、攻めろ」と叫んで兵たちを鼓舞していた。戦闘軍団の総大将が、先鋒集団の先頭に立って指揮することは、当時の戦法から見ると珍しいことである。信忠は父信長に対して、自分の能力をアピールしなければならない立場にあった時期らしい。

高遠の城兵たちは力を尽くして奮戦し、その戦いぶりは凄まじいものであった。

城主仁科五郎盛信は、数カ所に傷を負って体を引きずりながら城中の大広間に引き揚げると、一間の大床にどっかりと腰を下ろした。落城の時を悟り、自刃の準備に取り掛かった。周囲を敵・味方の兵が取り囲んでいたという。「汝ら、やがて武運尽きて腹切らん時の手本とせよ」と叫ぶと、桐葉の紋の鎧を脱ぎ捨て、短刀を抜いて左の脇腹に突き立てて右へ引き切り、右の肋骨を二、三本掻き破りながら切り上げた。その切り口から自らの腸を掴み出して、後ろの白壁に投げつけた。その血痕と盛信の血塗られた指跡が四筋、まざまざと壁面に残っていたという。介錯は曽根原《そねはら》十左衛門《じゅうざえもん》という家臣が務めた。十左衛門は盛信を介錯すると、返す刀を口中に咥えて喉に突き立て、うつぶして果てた。

最期を悟った籠城の武将たちは、家族を引き寄せ自らの刀で母や妻子を刺し殺し、その後敵の群れの中に斬り込んでいった。中世の合戦では、敗者の子どもや女性を捕らえて売ったり、自分の側女にしたりする慣習があったのである。売値は現在の価格にして、二十万円から五十万円であったとする調査記録もある。

諏訪勝右衛門頼清の妻はなは、薙刀で斬ってまわり、女性の身でありながら、男にも勝る比類のない働きをしたと伝えられる。薙刀ではなく、刀であったとする説もある。やがて自分の力が限界に達していることを悟ると、自らの懐剣を抜いて口の中に刺し込み、前に倒れ込んだ。懐剣の切っ先が、首の後ろに突き抜けて、青白く光ったという伝承がある。

十五～六歳の美しい若衆の一人は、城の中の弓矢をかき集めて台所の隅から多数の敵を射殺した。矢が尽きると、刀を振りかざして敵の中に斬り込み、手負い者や死者の山を築いていったと記されている。

当時、織田信長の祐筆であった太田牛一《おおたぎゅういち》は、『信長公記』の中で、高遠城兵の働きを評して、「前代未聞の次第なり」と述べている。高遠衆は、中世の合戦の中でも比べる例がないというほど、壮絶な戦いをしてみせたのである。

そしてこの合戦は、高遠側が二千五百人余りの戦死者を出して終了した。勝者である織田側の戦死者は、二千七百人余りであったという。高遠側の武士たちは、一人で一人以上の敵を討ったことになる。

この戦いの様子は、生き残った高遠衆や近辺の武田家ゆかりの人々によって、後世まで語り継がれることになった。

特に仁科五郎盛信は、領民にも慕われた人柄であったらしい。盛信の首は織田軍の家臣が掻き切って、織田信長の元に届けられ、首実検の後、長良川の河原に曝された。首のない盛信の遺体は、勝間村の人々が若宮原で火葬して、村の西の山に葬った。その山を五郎山《ごろうざん》と名付けて、盛信を偲んでいる。天保二年（一八三二）三月、高遠城主内藤頼寧《よりやす》は城内の法堂院曲輪に盛信を祀り、三月一日を祭日と定め新城神とした。盛信自決の日から数えて、約二百五十年後のことである。墓所には、平成になった今も献花が絶えないという。

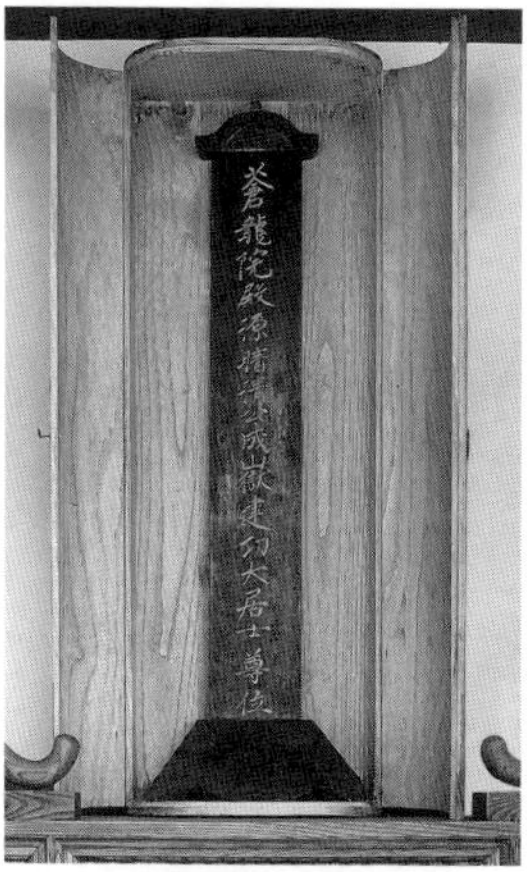
仁科五郎盛信の位牌
（桂泉院所蔵、伊那市教育委員会提供）
壮絶な自刃を遂げた盛信の首なし遺体は村人たちが葬り、城内にあった法堂院の僧が弔った。この位牌は共に戦った家臣たちの位牌と一緒に桂泉院に祀られている。

盛信自刃の日から四百年以上の日々が流れているのにもかかわらず、そのような光景が続けられているのである。

仁科五郎盛信を祀った神社
内藤頼寧は盛信を新城神として高遠城内に祀った。神社はタカトオコヒガンザクラに囲まれて立っている。

大軍の織田軍に攻め寄られて、逃げたり寝返ったりする武田軍の中で、ただ一城だけ踏みとどまり、壮絶な戦いを繰り広げて、武田武士の誉れを後世まで伝え残した盛信とその家臣たちの「滅びの美学」は、徳川の世になっても、高遠衆の心の奥の深い部分に沈殿し続けたのである。そしてその沈殿物は、越えられそうもない壁に出合うと、溶解して沸き上がり、予想を超えた行動を引き起こすのである。その現象は、数百年の時空さえ、乗り越えてしまうことがある。

徳川家康によって、高遠城は保科正直に委ねられ、二万五千石を授かった時、正直の周辺を取り囲んでいた家臣団の大部分が、武田家ゆかりの者たちであった。

　伊那谷の山間に、全ての事柄に耐えながら慎ましく生きてきたこの武士集団は、徳川秀忠の妾腹の子を養子とする出来事に出合ったばかりに、数奇な運命を辿ることになる。最上二十万石を経由して会津二十三万石を賜り、やがて戊辰会津戦争を迎え、明治の激動の世に消えていくのである。

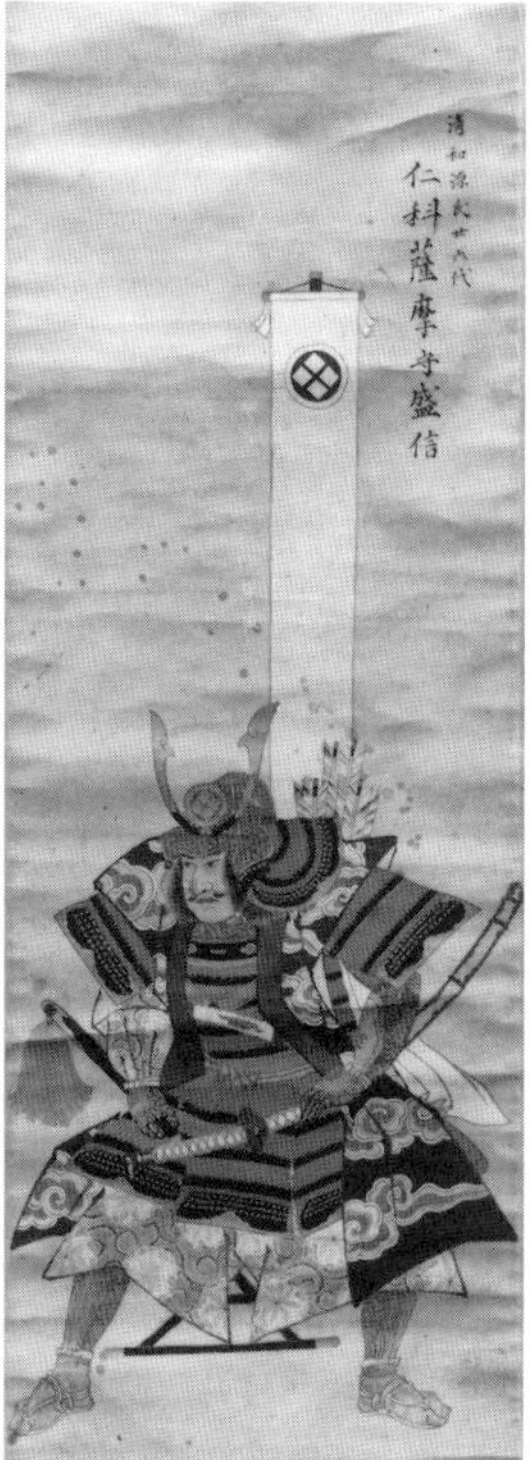

仁科五郎盛信像（個人蔵、伊那市教育委員会提供）
武田信玄の五男（勝頼は四男）に当たる。武田信玄の死後、勝頼によって高遠城の城主に任命された。天正10年3月2日、3千人の家臣たちと共に、6万人の織田信忠軍に立ち向かい、壮絶な自刃を遂げ戦国武将の亀鑑とされた。自刃の時の年齢は、36歳・29歳・26歳・25歳・19歳など諸説ある。それから7年後、会津の摺上原で伊達陣営に斬り込みをかけた蘆名の重臣金上盛備は、酷似したやり方で自刃している。

四、戊辰会津戦争の裏側

もう、お気付きになったことでしょう。織田信忠の高遠攻めでの高遠衆の戦いぶりが、その年より二百八十五年後の戊辰会津戦争で再現されていることを。

諏訪勝右衛門頼勝の妻はなの行動は、会津藩の中野孝子《こうこ》をリーダーとする六人の女性たちが、髪を断ち切って男性と共に戦おうとした出来事に類似している。後世の会津の郷土史家たちによって娘子軍《じょうしぐん》などと命名され、中野竹子の戦死と共に有名なエピソードになっている。竹子が銃弾に倒れると、母孝子と妹は竹子にとどめを刺し、首を掻き切って持ち帰ったという出来事である。ただし首を切り落とすに当たっては、傍にいた農民兵か、もしくは上野吉三郎の手助けを受けたと伝えられている。

十五～六歳の美しい若衆が、台所の隅から矢を射掛けて奮戦した話は、黒髪を断ち切って男装し、女性の身でありながらスペンサー銃やゲベール銃を操って、西軍の兵士たちを撃ち倒した、山本八重の行動に繋がってはいないだろうか。

戊辰会津戦争では、城下に西軍乱入の知らせが入った時、合戦の手足まといになってはいけないと多数の子女たちが自刃したり、身内を手に掛けたりした出来事も、高遠城落城の時と類似している。

中野竹子の像
(会津若松市神指町)
黒髪を断ち切って薙刀を振って西軍に立ち向ってみせた。鉄砲で撃たれて倒れ、母と妹が首を切って寺に葬った。

戊辰会津戦争の場合は、男衆が戦いの場に出てしまっていたので、残っていた母親が懐剣を手に取って幼い子どもたちを手に掛け、自らも自刃したのである。この行為には、乱入してきた西軍の兵たちも驚きを隠していない。戦争のない江戸時代を生きてきた他藩の武士たちには、考えられない行為だったのである。

西軍に大量の大砲の弾丸を浴びせられ、死にものぐるいで戦った籠城組の高遠衆の脳裏には、幼い頃から語り訊いてきた、二百八十五年前の高遠城合戦の伝承が、まざまざと蘇っていたことだろう。

天正十年（一五八二）三月二日に、壮絶な割腹死をしてみせた高遠城主仁科五郎盛信と、家臣の曽根原十左衛門の生き様も、二百八十五年後に起こった戊辰会津戦争を戦った会津藩士の行動に、大きな影響を与えていると思われる。会津藩と呼ばれている武士集団は、幕末という近世に、戦国時代に類似した戦いを再現してみせたのである。

合戦に敗れて傷ついた国家老田中土佐と神保内蔵助は、辿り着いたお側医師土屋一庵の屋敷で、敗戦の責任を取って自刃している。医師一庵も共に自刃した。米沢藩に援軍を頼みに行って、承知してもらえなかった堀粂之助は、その地で割腹して米沢の龍泉寺に葬られている。白虎隊と呼ばれた少年たちは、自決した人数については諸説あるが、飯盛山で集団自決を敢行した。

中世に於いては、武士の自決は主君に対する忠義がその主な目的ではない。戦いを旨とした武士は、敗北した時に自らの体面を保つために死を選ぶのである。また中世では、語り継がれるような壮絶な死に方は、後に残る一族のための遺産でもあった。敵味方を超えて、賞賛の対象になったのである。そして、その子どもたちが敵将に雇われたり、感動した他の武将が一族の面倒を見たりするような風潮が各所に見られた。自刃は自分あるいは一族のために、自分の名を残す行為だったのである。

中世の武士にとって、長く生きることは美徳ではなかった。何時、どんな死に方をして一生を終えるかが、生きるテーマであったと言える。

近世の高遠衆の心の中には、高遠城の戦いの伝承を通して、中世の戦闘の哲学や美学が引き継がれてきたと筆者は思っている。

白虎隊自刃の地（会津若松市飯盛山）
白虎隊士中二番隊の16名が自刃したとされている場所。沢山の観光客が訪れる。ここで自刃したのは６人であるとする説がある。

飯盛山の白虎隊の少年たちは、城が燃えていると見間違えて悲観して自決したという説があるが、その説は会津では封印しよう。当時の伝承を辿っていくと、少年たちは帰城して主君と共に戦おうと、飯盛山を下山して行動した形跡が窺える。力を尽くして戦った少年たちは、捕虜になって屈辱を受けることを恐れたのだ。生きながらえて恥ずかしい姿を人目に曝すよりは、きりりとした形で命を絶ってみせて、人々の記憶の中に自らの名を残すという、中世以来の武士の美学を選択したのである。日新館教育で学習した少年たちは、中世的武士道を全うしたのである。

生き残った会津藩士たちの生き様も、また見事であった。斗南藩大参事となり西南戦争にも従軍し貴族院議員にもなった山川大蔵（浩）。努力して教育界で名を残したその弟山川健次郎。旧藩士を支えるために洋式牧場を開設し畜産と酪農に生涯を捧げた広沢安任。薩摩藩邸に幽閉されながらも国造りのビジョンを「管見」という形で提示した山本覚馬。武田武士の末裔らしく、九州の地で壮絶な戦死を遂げた佐川官兵衛。土地を所有することのなかった近世の武士である彼等は、長年住み慣れた会津という土地に固執することなく、行き着いたところで精一杯に生きてみせるという習性が身についている。

最近、その生き方の評価を見直されてきた西郷頼母近悳。明治の世まで生きて、生き恥を曝したなどと嫌う人もいる。彼の場合は、保科正之のＤＮＡを引き継いでいる自分を排除した者たちが、どのような生き様を辿るのか見極めようと、あえて生き恥を曝していたように思われてならない。

特筆すべきは、女性の活躍である。鹿鳴館の華とうたわれた山川捨松。大河ドラマで取り上げられた新島八重。『小公子』を翻訳して評判となった若

海老名リンの石像
（会津若松市浄光寺、学校法人若松幼稚園建立）
会津藩士の家に生まれる。旧姓日向。戊辰の役の時、城に入れず、高田方面に避難する。慶応元年（1865）海老名季昌と結婚。幼稚園の設立や女子教育の振興に力を尽くした。日向家は高遠衆の可能性が高い。

山本八重の像
八重は戊辰戦争時、鉄砲を撃って多数の敵を殺傷したと伝えられている。会津まつりで人気ある女優に八重の扮装をさせ、5年連続で行列に参加させた。違和感を持っているのは筆者だけだろうか。

松賤子。幼児教育や女子教育に貢献した海老名リン等々。ここで取り上げた女性は、みな武家の出身者である。

なぜ女性たちが新しい時代の中で、果敢に、そして生き生きと活躍することが出来たか。

高遠に於ける武田武士集団の生き様・死に様を、営々と語り継いできた主役は女性であった。語り部の中核は、昔も今も女性の役割である。語り継ぐ行為を通して、女性たちの心の中に、武田武士集団の誇りと闘魂が形作られていったからではないのか。戦場に赴く白虎隊士たちの背中を押したのも、女性たちであったことを忘れないで欲しい。

会津武士集団とその家族の闘魂に満ちた生き方を、高遠魂と名付けておこう。高遠魂の主なる継承者は、女性たちであったと筆者は思っている。

その高遠魂の根源は、天正十年三月、織田の大軍に攻められて、周辺の城の武田軍は織田軍に寝返ったり逃げたりする中、仁科五郎盛信と共に高遠城に踏みとどまり、敗北を承知で戦国史に語り継がれるような、壮絶な合戦を繰り広げた高遠衆の生き様・死に様の「滅びの美学」にある。

その美学は、激戦の残照に染まる高遠城を引き継ぎ、幸松丸（保科正之の幼名）を養子としたため三万石を拝領することになった保科正光以下、高遠武士集団の胸の奥に張り付いたのである。最上二十万石を経て会津二十三石を統治する過程の中でも語り継がれ、美学としてさらに磨かれてきたのである。

こう書いてしまうと、保科一族はいとも簡単に出世街道を歩んできたように思われては、保科一族に申し訳が立たない。もう少し、詳しく説明しておこう。

天正十年三月二日、二千五百人の戦死者を出して仁科五郎盛信が滅んだ後、高遠城は下条頼安《よりやす》の居城となっていた。本能寺の変から約二ヶ月後の同年八月、保科正直・正光親子は、正光の弟に当たる内藤昌月から指揮官と兵を借り受けて、高遠城に住んでいた下条氏を襲い、奪還するのである。この時、保科親子は北条氏に属していたが、後に寝返って、徳川家康の旗下に属することになる。

天正十三年（一五八五）十二月のことであった。家康の命を受けて、正直と嫡男正光が小諸に出陣した留守を狙って、小笠原貞慶が五千人の軍勢で攻め込んできた。この時、高遠城にいたのは、百名ほどの留守部隊と七十を超えて隠居した正俊であった。隠居したとは言え、武田信玄に仕えて槍弾正《やりだんじょう》との異名を取った正俊は、百名の留守部隊と駆り集めた城下の百姓三百人を指揮して、五千人の小笠原軍を追い払ってしまうという快挙を成し遂げた。これを聞いた家康は、隠居正俊に名刀「包永《かねなが》」と感状を与えたという。ここぞという場面では、武田武士としての矜持と闘魂が沸騰してくるのが高遠衆なのである。

天正十八年（一五九〇）には多胡城（千葉県香取郡多古町）に十年ほど移封され、関ヶ原の合戦後に、再び高遠に戻されるという経緯を辿っている。ここに三十六年間を過ごし、その間に、幸松丸を養子にするという運命に、巡り遭うことになるのである。

高遠魂の魅力的なところは、現実性には欠けるけれども、問題点を乗り越えようとする果敢さを宿しているところにある。何処かに悲壮さを宿し、後のことは考えずに突き進もうとする美学。筆者は、これを「滅びの美学」と呼んでいる。幕末期の会津藩士と呼ばれている武士集団の生き様・死に様に、多くの人々が心惹かれる思いを持つ要因は、このあたりにあるのではないか。

「滅びの美学」の高遠魂は、当初純粋な高遠衆の人々に引き継がれていたが、会津在住二百二十五年の中で最上衆や会津で雇われた下級武士にも浸透していったであろう。結果として会津藩士の気風は、御家訓と高遠衆の生真面目で、どちらかというと閉鎖的な生き方に影響されて、独特な色合いを帯びていった。

一方、会津の庶民は、四百年間会津を統治した蘆名氏滅亡後、伊達氏・蒲生氏・加藤氏・上杉氏・保科氏と様々な支配集団が入れ替わり出入りし、その都度、変化を要求されてそれに応じてきたために、柔軟でかなり強かな気風を身につけていたと考えられる。城下町に生活していた商人層は会津藩士との交流の中で、少しは高遠魂の影響を受けていたかも知れないが、周辺の農村に住む庶民たちは、強靭で現実的な精神構造を持っていたということである。自分たちに不都合な政策に対しては反抗し、時には命を懸けて江戸幕府へ直訴することも厭わなかった。

近世の合戦で中世的な戦い方を繰り広げ、戦後も果敢に生きてみせた会津藩の武士集団は、その大部分は会津以外の土地から集まってきた者たちであるのに、会津藩士と呼ばれている。その人たちと蘆名時代やそれ以前から会津に在住した庶民とは、どんな関係にあるのだろうか。

前述したように、藩を仕切ったのは少数の高遠衆であり、最上（山形）へ移封以降に雇われた上級・中級武士の中で会津出身者はごく少数である。下級武士の多くは会津で雇われた人々であったろうが、安い石高で下働きを命じられただけの存在である。幕末になって財政が困窮した会津藩は、士族の名称を庶民に売りつけたりしたが、それで士族となった人は武士とは言えない。筆者の先祖は百姓であったが、金を支払って士族という名称を手に入れたという記録がある。

武家と庶民の娘が結婚した例はゼロではなかったろうが、表向きは禁止されていた。武士と百姓では、話し言葉さえ違っていたと推定される。会津武士集団が、どんな言葉を使っていたかという研究は、会津では極めて希薄である。西郷頼母が方言を話していたという記録はある。もし、それが本当だとすると、それは会津弁ではなく高遠弁ではないかと筆者は思っている。

西軍が攻め込んできた時、力士や僧侶など一部の人間は徴用されて共に戦ったが、大部分の一般庶民は逃げ出している。武家とそれ以外の庶民の関係は、年貢や冥加金を納める側と、それを徴収する側という関係以外のなにものでもない。

幕末当時、会津藩領内総人口の十パーセント未満の武士集団は、その大部分が斗南に移住していった。約一年半後、斗南藩は消滅して、武士集団は全国に散っていった。土地も所有できず、住む家さえ支給されていた近世の武士階級は、会津という土地に何の未練もなかったはずである。会津に戻ってきた元武士もいたが、土地を所有できない人たちは、徐々に会津を去っていった。

大きな問題は、現在会津に伝わっている戊辰会津戦争の歴史は、誤解と物語性に満ちているということである。巷に伝えられている白虎隊伝説は、歴史的事実とはほど遠い内容であると言っておこう。あまりにも美化されている。合戦終了後、西軍は戦死者の埋葬などを禁止したということになっているが、これも大きな誤解である。明治元年（一八六八）九月二十二日、鶴ヶ城は開城された。十月二日には民政局より遺体埋葬に関する命令が出されている。命令が出されたからといって、すぐに遺体埋葬作業が開始されるわけではない。十月一日（新暦では十一月中旬）、会津には大雪が降った。戦闘に参加した武士たちは、全員が西軍に捕らえられて拘束されていて、働き手はいなかった。それに江戸時代に於いては遺体処理などの仕事は、特別な階級の人々の役割と定まっていた。彼等を動かすにはお金が掛かる。彼等との交渉にも、時間はかかったはずである。「ならぬことはならぬ」という教えの元では、武士階級が身分を超えて遺体処理の作業に関わることは、非常に難しいことなのである。戦後処理のために残留した町野主水《もんど》たちが、民政局から資金を預かり、死体処理を担当する人々を雇って埋葬に関わったが隅々まで手が届かず、結果として野ざらしの白骨が残ってしまったということなのだ。

「西軍が遺体処理の許可をなかなか出さなかった」という説は、昭和三十年代に某氏がある郷土史研究会の機関誌に寄稿した一文から始まったのではないかと思われる。

この寄稿文に、大きな誤解の元が潜んでいた。遺体処理経過について、町野主水が戊辰会津戦争後に語った話を聞いたという形で書かれた寄稿文である。

その冒頭に、

「然れども、詳細なる点に至りては聞き漏らしたること、及び亡失したことも多かるべく、且つ記事中誤謬の点等なきにしもあらざれども、これ皆筆者の粗漏の罪」

と記されている謙虚なものである。

それがしっかりした検証もなしに、巷に流布されていった。西軍の遺体埋葬禁止事件は、明治・大正では話題にもならず、昭和時代になって話題となったことらしい。

平成三十年は戊辰会津戦争百五十周年の年であるが、いまだに「薩長の奴めらが……」などという台詞が通用している現実がある。確かに会津になだれ込んだ西軍の兵士たちは、略奪や暴行をした形跡や伝承が残されている。会津に入ってきたのは、兵士ばかりではない。武器や資材の運搬のために、中通りで雇われた百姓たちも数多くいた。犯人を特定することは出来ない。しかし、会津の兵士たちの一部も、遠征先でそれに近いことをやったという記録がある。戦争とはそういうものであるから、お互い様といったところであろう。

会津の場合、おかしいと思うのは武士階級の末裔でもない会津若松市の一

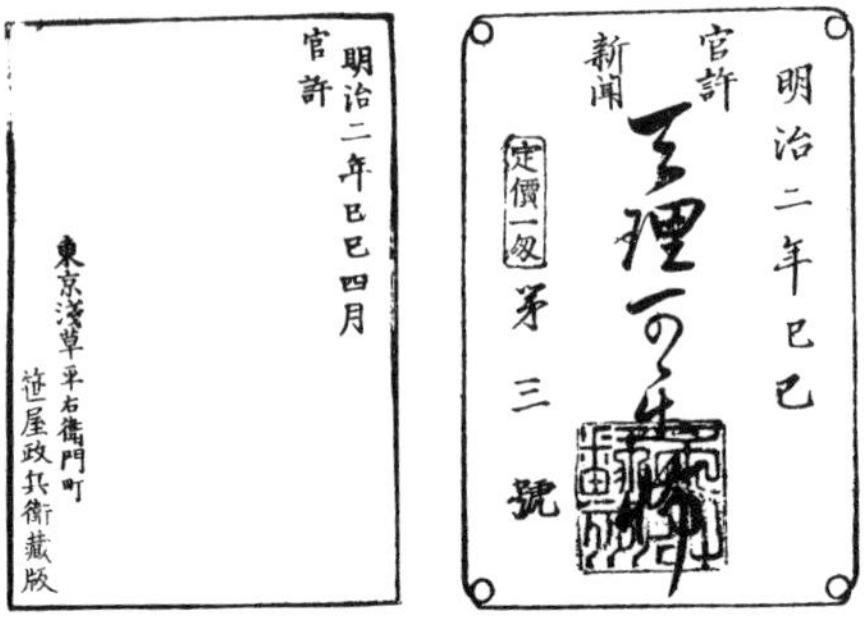

『天理可楽怖』　第３号の表紙
（『白虎隊精神秘話』〈山主飯盛本店〉より）
明治２年（1869）４月23日発行。東京で売り出された新聞。

般市民が、まるで身内の人を語るように、幕末の会津藩士の生き様や死に様を語ることである。

戊辰会津戦争で白虎隊の少年たちが集団自決をした事件は、東京で発行されていた明治二年（一八六九）四月二十三日付の『天理可楽怖（テリガラフ）』という新聞に書かれて売り出されていた。『天理可楽怖』とは、現在の週刊誌に近い商業誌で三号を発行したところで途絶えてしまっている。その第三号によれば、東京鍛冶町の医師の家で客死した北越の士萩原源蔵という人が、「心情新話」と題した数枚を書き残していた。その文章を書き写して発行されたものである。

その内容は、萩原氏の友人に次原某という人がいて、その人が語った戊辰会津戦争の様子を記述したものであるという。壮年の男たちが戦場へ出ていってしまったので、老人や女性や少年たちまでもが果敢に戦闘に参加したことが細々《こまごま》と書き綴られている。その中で、白虎隊のことにも触れている。十六人が自刃を試み一人が蘇生したので、一人一人の名前が明らかになったとしている。その他のことも事実を淡々と綴り、いわゆる美化などはしていない。

会津藩は刀を差し出して謝ったのだから許してやって、迫ってきている外国との対応に、共に力を尽くすべきであると結んでいる。今日の新聞の社説に近い論調である。

やがて、旧藩士たちが会津へ帰ってくるようになると、その人たちを中心に「信友会」が結成された。「信友会」によって、滝沢の元肝煎《きもいり》吉田伊惣治たちの手で妙国寺に埋葬されていた白虎隊の遺体は、飯盛山の中腹に改葬されることになった。

明治十七年（一八八四）に第一回慰霊祭（十七回忌）が、「信友会」から「弔

霊義会」と名を変えた人々によって挙行された。この時点で、自刃した白虎
隊の人数は十六人とされていた。蘇生した飯沼貞吉氏は数えられていない。
慰霊祭実施決議書には、「会津人の心を鼓舞するため～」という一文が見
える。この頃、白虎隊は小学校の教科書にも取り上げられた。明治十五年（一
八八二）には「軍人勅諭」が定められ、明治二十二年（一八八九）には、大
日本帝国憲法が発布された。明治二十三年（一八九〇）には、教育勅語が発
表されている。戦争へのきな臭い匂いが漂い始めていた。

同年十一月三日、拡張された飯盛山の墓地では、第二回慰霊祭（二十三回忌）
が盛大に実施された。この時から、自刃と明記された十九人の墓石が立って
いる。自刃したと伝えられている白虎隊士の数とは、違っているにもかかわ
らずである。しかし、十九人という数は、関係者たちが話し合い、納得し合っ
て決定した結果である。

同じ年の四月に、二瓶由民が苦労して書き上げた『白虎隊勇士列伝』では、
十九人中三名が、自刃ではなく戦没したことになっている。

それから四年後の明治二十七年（一八九四）に、日清戦争が勃発した。翌年には勝利という形で戦争を終了させ、東洋の片隅の小国が大国を負かしたということで世界を驚かせた。しかし、勝利できたことに一番驚いたのは、日本国のリーダーたちであったはずである。

その頃、中村謙著『白虎隊事蹟』が発行された。飯沼貞吉から直接聞き取って書いたという触れ込みであった。それから九年後の明治三十六年（一九〇三）、講談師村井弦斎が『絵入り通俗西郷隆盛詳伝』をまとめ発行し、その中で白虎隊に触れている。『報知新聞』に連載されていた作品であったので、日本全国に知れ渡っていった。翌明治三十七年（一九〇四）、日露戦争が勃発し、翌三十八年（一九〇五）、またも日本は大勝利を収めた。世界に名だたるロシアのバルチック艦隊を殲滅できたと、日本国民は舞い上がった。このような国状の中で、白虎隊の名は全国に広く浸透していった。

明治四十一年（一九〇八）イギリスのパウエル将軍がボーイスカウト運動

を創始し、そこで白虎隊精神を讃えたことが伝えられた。その年、会津若松に「歩兵第六十五連隊」が設置されたが、その設置決議書に白虎隊の名が見える。翌明治四十二年（一九〇九）十月、高橋淡水が『壮絶悲絶白虎隊』をまとめ上げた。明治四十三年には、『河北新報』が白虎隊生き残りの飯沼貞吉氏にインタビューして、七回に渡って紙面に掲載した。このあたりで白虎隊は、歴史的事象というよりは物語へと変化していた。

大正三年（一九一四）、第一次世界大戦が勃発し、青少年に対する軍事的・愛国的教育が急速に拡大強化され始めた。大正六年（一九一七）五月一日、陸軍大佐（少佐との資料もある）平石辯蔵が『会津戊辰戦争』なる書籍を刊行した。同年八月二十日付で再版を発行するほどの売れ行きであった。

大正十四年（一九二五）には、会津若松にあった第六十五連隊は解散され、替わって第二十九連隊が設置されて、市民の軍国主義への士気は益々昂揚していった。この頃から、小学校には奉安殿が建てられ、御真影が納められて、登校時には最敬礼をする教育が行われていた。

大正十三年（一九二四）八月二十日には、大正天皇摂政宮殿下（後の昭和天皇）と同妃殿下が会津に行啓《ぎょうけい》された。この時、若松第六十五連隊の滝本一麿大尉が、白虎隊事蹟について三十分の御前講演を行った。内容は、平石辯蔵著の『会津戊辰戦争』に沿ったものであった。講演内容は、大正十三年八月二十二日付の『福島民友新聞』に全文が掲載された。

平石辯蔵著のベストセラー『会津戊辰戦争（増補）　〜白虎隊娘子軍高齢者之健闘〜』
この写真は後世に発刊された復刻版。

すると、その記事を読んだ旧会津藩士柴太一郎が「〜全然空言にて一つとして事実に非ざる也〜」とクレームを付けている。これに対して、若松連隊から皇族に話した内容であるから不敬であるとして、きついお咎めを受けたと伝えられている。以後、平石辯蔵著の白虎隊話に対して、批判する者はいなくなった。

昭和二年（一九二七）十二月五日に平

ローマより贈られた記念碑
（会津若松市飯盛山）
昭和３年イタリアのムッソリーニから贈られた古代ローマ宮殿の石柱。落成記念式典には約50名のイタリア兵が参加して話題となった。

石辯蔵著『会津戊辰戦争（増補）～白虎隊娘子軍高齢者之健闘～』第三版が発行された。翌年の昭和三年（一九二八）一月十八日には、秩父宮雍仁親王と松平恒雄長女勢津子の婚約が正式に決定し、会津中が沸き返った。

同じ年、平石辯蔵著を読んで白虎隊の行動に感動したイタリアのムッソリーニから、古代ローマ宮殿の石柱が贈られ、飯盛山に建てられた。その落成記念式典には、五十人ほどの若いイタリア兵たちが参加し、それを見た会津の女性たちは、彼等の美しさに歓声を上げたという話もある。

「会津藩殉難烈婦の碑」（飯盛山）・「なよたけの碑」（善龍寺）が建立されたのも、この年である。

このように燃え上がるような皇民精神昂揚の中で、『会津戊辰戦争（改訂増補）』第四版が発行されたのである。平石辯蔵説の会津白虎隊の物語は、日本全国に知れ渡っていった。

今、筆者の手元には後年になって発行された、第四版の復刻版がある。扉には「賜天覧」の朱印が印刷され、それを捲《めく》ると「『東伏見宮依仁親王殿下（大正五年七月）』『朝香宮鳩彦王殿下（大正十年七月）』『摂政宮同妃殿下（大正十三年八月）』『山階宮萩麿王殿下（昭和二年八月）』御前講演之光榮を荷ふ」と記されている。次に続くのは、著名人が墨書した和歌や言葉であり、続いて戊辰関係の写真が、二十枚の上質紙に印刷されて綴じ込まれている。城下地図など三枚が折り込まれていて、著者の情熱が読み手に伝わってくる。

ようやく序文が出てくる。はじめに板垣退助、二番目の序文は荘田秋村（三平）が書いている。次が目次。その後が著者平石辯蔵の緒言である。ここに、平石辯蔵の切なる思いが、面々と綴られている。

その一部を再掲しよう。

「～然るに近来又其の要望益々切なるものあるを以て、茲に第四版の已むなきに至れり、蓋し憂国の士漸く多きを致せし結果に外ならず、熟ら現代の趨勢を見るに、内憂外患交々至り、国歩益々艱難に際し、徒らに物質文明に心酔し、虚栄に傾き淫蕩に流れ低止する所を知らず、顯門富豪に於て殊に甚だしきを見る、於此乎神州の正気漸く衰退し、甚だしきは敢て皇室の尊厳を冒瀆するものあるに至る、浩嘆せざるべからず、想ふに之れ個性教育洽ねからざるの致す所、苟くも我建国の歴史に直面して其の根本精神を説き、以て我国民性を自覚せしめなば、白虎隊の忠勇義烈も、将又娘子軍の犠牲的精神も、皆之れ日本民族の特長、伝統的本能なるを知り得べし、然るに世人既に本末を忘る、遺憾なりと謂ふべし。～」

日清・日露の戦いに勝利し、世の中は少々バブル気味だったのだろうか。人心の荒廃を憂い世直しの思いを込めて、自らの著書を世に送り出したのだ。この迫力ある著者の思いは本文の行間にも溢れている。

この本が出版されて三年後の昭和六年（一九三一）満州事変が勃発し、昭和八年（一九三三）には、ドイツにナチス政権が成立。昭和十二年（一九三七）には日中戦争が始まり、日独伊三国防共協定が結ばれた。同じ年、ドイツナチスの代表が飯盛山視察のために来日し、それまでは会津を批判していた徳富蘇峰が来若し、「維新史における会津」と題して講演会を開催し、会津を評価しなおした。

このような風潮の中で、会津人は舞い上がっていった。賊軍というイメージも薄れ、白虎隊魂とか会津魂などという言葉が使われるようになり、自らが会津藩士の末裔か身内のような錯覚に陥り、戊辰会津戦争を語る人が多くなってきた。

昭和十四年（一九三九）第二次世界大戦が始まると、日本は翌年「日独伊三国同盟」を結び、大東亜戦争（太平洋戦争）への道を突き進むことになる。昭和二十年（一九四五）敗戦（何故か行政では終戦としている）の日まで、政府は白虎隊を皇民教育に活用しながら、徹底した軍国主義教育を展開してきた。

この時代の教育を受けた人たちとその影響を受けた人たちは、現在は高齢者あるいは後期高齢者となり、表舞台《おもてぶたい》からは去りつつあるので、これからの会津の人々の歴史的思考パターンは、変わってくることだろう。

現在すでに、飯盛山の白虎隊士中二番隊の墓石がいくつ並んでいるか訊ねても、正確に答えられる人は少なくなっている。会津若松市内の小・中学校の校歌の中に「白虎隊」という言葉が入っている学校もかなりあるが、子どもたちにしっかりと教えている気配は感じられない。郷土の歴史を知っていないということは、青少年教育では大きな問題ではあるのだが、現在の教育現場では、学校教育でも社会教育でも青少年が地方史を学ぶための時間は確保されていない。会津魂とか白虎隊魂という言葉は、青少年や壮年者の間では機能しなくなっていきつつある。

これまで会津では、総人口の十パーセントに満たなかった武士階級の生き方や精神文化に範を求め、会津武士道とか会津魂または白虎隊魂などを、生きることの規範にしようと努めてきた。

　戦争によって問題を解決しようとしていた時代には、人々の同意を得ることが出来て初めて有効であったと言える。民主主義の世の中で、より良く生きていくためには、規範とする考え方を切り替えなければならない時が来ているのだと思う。戦後生まれの人たちは、戦中の教育を受けた人たちの考え方に、違和感を感じていたに違いない。

白虎隊士中二番隊　19人の墓（飯盛山）
白虎隊士19人の墓が並んでいる。19基の墓石には全て「自刃」と刻み込まれているため、ここで19人が自刃したと思っている人が数多くいる。ここに白虎隊士の遺骨はない。

　会津人は、昭和の敗戦後の混乱期を境として、規範となるものが統一されず、違和感を宿したまま混沌とした時代を過ごしてきた。これが、会津の産業や文化の低迷の原因ではなかったのかと、筆者は思うのである。

白虎隊剣舞（会津若松市飯盛山）
白虎隊墓前で奉納される剣舞。日新館の流れをくむ会津高等学校の生徒が春と秋に舞ってみせる。毎回200人を超す観客が周囲を取り囲む。

江戸時代は、人口の九十パーセント以上が武士ではなかった。現在、会津で生活している人々の大多数が、近世の武士の末裔ではない。私たちは原点に返って、当時百姓と呼ばれていた私たちの祖先たちが武士階級に支配されていた近世を、どう生きていたかを振り返ってみる必要があると考えている。

特に、幕末の会津の歴史は、武士の立場から語られる場面が多かったと思っている。今後は百姓の立場から、幕末の会津の歴史を見ることを試みて頂きたいと思うのである。

会津若松市に限っては、江戸時代の文化の発展や戊辰会津戦争後の復活に関して、商人の力が大きく関わっているはずであるのだが、今のところ解明されていない。

五、近世の百姓たち

近世の百姓たちは集落ごとに組織され、庄屋（関西地方）・肝煎（関東地方）・名主（一部の地方）などと呼ばれた村役人が任命されていた。それらを取りまとめる者として郷ごとに郷頭が置かれたが、主な実務を担当したのは庄屋・肝煎・名主たちであった。会津に於いては、会津藩領内が肝煎と呼ばれ、時として幕府直轄領になったりする奥会津では、名主と呼ばれていた。

この郷頭や肝煎・名主を担った人たちの中に、百姓たちのために先頭に立って地域興しに力を尽くしたり、自らの命を顧みず世直しに立ち向かったりした人が、数多く存在するのである。

例えば、寛永二十年（一六四三）保科正之が会津に入部して領内の新田開発を奨励すると、沼澤村（現金山町）名主半右衛門・吉田組（現西会津町）郷頭理左衛門・牛沢組（現会津坂下町）郷頭吉左衛門などが、会津藩の援助を受けたり私財を投じたりして、新田開発に取り組んだ記録や伝承が伝えられている。律儀な百姓のリーダーたちは、文字通り命を懸けて新田の開発に取り組んでいる。開田した新田の見えるところに埋葬するよう言い残して逝去したリーダーの墓石を、現在も各所に見ることが出来る。一七〇〇年代になると藩の援助などに頼らず、郷頭や肝煎が指導者になって新田を開発するグループも生まれてくる。

その典型的な例は、木曽組堂山村（現喜多方市山都町）の郷頭宮城清右衛門盛金である。同郷の人々と力を合わせ堤を築き、次々と新田を開発していった。五十歳になると郷頭職を娘婿に譲って、若松の城下で医術を学び、帰郷して医者となり医術をもって人々に仁術を施した。延享四年（一七四七）頃のことである。さらには下男下女を雇い入れて田畑を耕作して米を増産し、その米を売った金で塩を買い入れ、さらに大きな利益を手にした。

そこで終わる清右衛門ではない。安永四年（一七七五）には京都に上り、大般若経六〇〇巻を買い入れて、西会津町真ヶ澤の龍泉寺へ奉納している。その経典は現存しており、西会津町の文化財に指定されている。安永七年（一七七八）二月、七十四歳で他界したという。郷里の宮城家の墓地には、宮城清右衛門盛金と刻まれた立派な墓石があり、子孫が大切に供養している。

元郷頭宮城家の墓（喜多方市山都町）
新田開発に力を尽くした宮城清右衛門の墓は子孫たちの手によって守られている。

三右衛門夫妻の墓（金山町大栗山入ノ原地内）
寛文10年（1670）農民たちの願いが聞き届けられて、入ノ原が開墾されることになった。工事の現場責任者に任じられた三右衛門は妻と共に命懸けで役目を果たした。命が尽きた時、夫妻は自分たちが切り開いた田圃の見える丘に葬ってもらった。

このようなリーダーたちの中で、命を懸けて取り分け鮮烈な生き様・死に様をしてみせた百姓たちを紹介するので、今後の混沌とした時代を生き抜くよすがにして頂きたい。筆者は彼等の生き方こそが、会津魂の源流であると思うのである。

時は江戸時代後期、文化年間（一八〇四～一八一七）の冬のことである。大栗山村名主本名新左衛門は、降りしきる雪に埋もれる金山谷の河岸段丘にへばりつくように存在する二十数戸の集落大栗山の自宅で、囲炉裏に木をくべながら苦悶していた。

年貢蝋を納めた後に残った蝋を余蝋《よろう》と呼んでいた。その余蝋を会津藩の役人に売ったのだが、相場より安く買われたと周辺の百姓たちが騒ぎ出し、騒動（一揆）を起こしそうな雰囲気になっていたからである。

蝋は漆の木の実を集め、搾り取って製造される。これには「貢蝋《こうろう》」と「余蝋」の二種類があった。貢蝋は年貢米の代わりに上納するものである。これは一戸ごとに、生蝋十匁（一匁は三・七五グラム）と蝋燭《ろうそく》四挺と定められていた。この上納蝋《じょうのうろう》を差し引いた余りの蝋を余蝋と称し、免外蝋として自由販売を許されていた。

当時余蝋の売買は、静岡・会津・米沢三ヶ所の平均相場で買い入れるというルールが定着していた。余蝋を買い入れる担当の会津藩の武士たちは、御蔵入の百姓たちを見くびって、相場より低めの値段を付けて買い取り、相場値段との差額を自分たちの懐に入れていることを、百姓たちは調べ上げていたのである。もしかしたら、余蝋の安値買い入れは担当者たちの単独の不正ではなく、慢性的な財政難に苦しんでいた会津藩首脳の政策であったのではないかと思われる節もあるのだが、確固たる証拠はない。

漆の木が育つところは、御蔵入領でも山深い山間地である。田圃が作れないような土地であったから、中世の頃から漆の栽培をして、収入を得ていたのである。

江戸時代の奥会津地方は、幕府の直轄領になったり、会津藩の預かり領になったりする歴史を繰り返していた。この地方は御蔵入とも呼ばれ、百姓たちは幕府の直支配という身分になることを誇りに思っていた傾向があり、会津藩を見下していた気配がそこここに感じられる。会津藩預かり領になると様々な締め付けが厳しくなるので、奥会津の百姓たちは幕府直轄領になることを歓迎していた気配がある。直轄領になると商売に関する規定が緩やかになり、越後商人たちが足繁く出入りし、それと同時に金銭が動き、豊富な情報を得ることが出来たものと推察される。余蝋買い取りに関する会津藩役人の行為については、会津藩や田島の郡役所に改善をお願いしたが、きちんと対応してもらえなかった。この上は騒動を起こすか、あるいは江戸幕府への直訴を敢行するしかないという気運が高まってきていたのである。

大栗山村名主本名新左衛門は、その頃より凡そ九十年前の享保年間（一七一六～一七三六）に、先祖たちが幕府の政策に反抗して「御蔵入米騒動」あるいは「南山《みなみやま》米騒動」と呼ばれる一揆を起こし、六人が斬首された事件を知っていた。このまま放っておいたら、多数の斬首者を出すことになる。何とか

金山町大楽山集落
本名新左衛門が名主を務めた、平成の金山町大栗山集落。天保6年（1835）この地で56歳で命を閉じた新左衛門（佐野右衛門）の遺体は、どのような手段で会津美里町東尾岐遅沢まで運ばれたのだろうか。

食い止めなくてはなるまい。只見川筋の名主のリーダー格である三十三歳の新左衛門は、囲炉裏から立ち上る煙にむせびながら、決断を迫られていた。

享保年間に起きた南山米騒動について、簡単に説明しておこう。

騒動が表面化したのは、享保五年（一七二〇）十一月二十六日のことである。南山下郷や田島周辺の百姓七～八百人が田島の田部ヶ原に集結して、田島代官所に押し寄せようとしていた。それを知った周辺の百姓たちも各所に集合し、代官所も襲撃に備える体制を整え、大騒動になりそうな状況となった。その時、百姓側にリーダーが出現した。訴状を作成して、代官所と交渉をするという方針を打ち出し、武力抗争は回避された。

訴状を受け取った代官所は、騒動のリーダーたちを逮捕して投獄。集結した百姓たちも散り始めて、騒動は一旦収まったように見えたが、そうはいかなかった。同年十二月五日、有志たちは宮床村安照寺に集合して三十五人の代表を選び出し、そのうち十五人が江戸へ上って、幕府勘定所に訴状を提出することを決めるのである。

享保六年（一七二一）の正月から二月にかけて、十五名の代表たちは間道を通って江戸へ行き訴状を提出している。取り調べは、約半年ほどの長期に渡った。

訴状の内容は、おおよそ次のような項目に分けることが出来る。

①前中川代官時代から高くなってきている年貢税率の軽減
②小麦割、餅、荏《えごま》納めなどの廃止
③廻米の廃止
④年貢の米納を金納にすること

⑤郷頭の廃止

などである。

幕府の基本政策に触れる項目もあり、そのレベルの高さに役人たちは驚いたに違いない。

この要求が南山全百姓の要求ではなく、一部の徒党がやっていることではないかと疑った幕府は、南山に大調査団を送り込んできた。同年九月中旬、幕府勘定組頭坂本新左衛門以下十九人、福島代官所から二十三人、会津藩から七十九人、会津藩足軽六〜七十人に、田島周辺の警備を命じ、御領境の関山宿に兵を派遣して防備に当たらせた。

このような状況の中で、一戸一名宛の調査を、関係する組すべてに渡って実施したのである。

半年に渡る調査の結果、享保七年（一七二二）六月二十七日、騒動の裁判結果が下されている。

・首謀者として江戸で打ち首
界　村　名主　兵左衛門
新遠路村　名主　久次右衛門
滝澤村　名主　喜左衛門
布澤村　百姓　茂左衛門
黒澤村　百姓　儀右衛門

・首謀者として田島陣屋で打ち首
小栗山村　百姓　喜四郎

六つの首は、田島の鎌倉崎に曝された。

・その他に実刑を受けた者
田畑家財取り上げ　一人

田畑半分家財取り上げ　十八人
役義召し上げ　七人
過料五貫文　六人
過料三貫文　十一人

これに手錠・宿預かりなどの罰を含めると、三百七十七人の人たちが罰を受けている。

今回は年貢米の問題ではなく、会津藩の蝋の不正売買に関する事件なので、本来ならば会津藩と交渉すれば解決するはずなのだが、これまで幾度となく申し上げても、取り上げてもらえなかった。斯くなる上は、江戸幕府に直訴するしかあるまい。そうなったら、九十年前と同じような結末になるに違いない。

事件の調査のために、多数の役人が入り込んで一人一人を尋問したら、人々は自分を守るために、「自分は関わっていない」と言うだろう。そうすると先頭に立った者たちが浮き上がってしまう。今まで築いてきた絆の分断は、何としても避けなければならない。新左衛門の苦悩はここにあった。

ところで、江戸時代の百姓は苗字を持っていなかったなどと記述している本に出合うことがあるが、直轄領奥会津の百姓たちは、中世から姓を持っていた。但し、会津藩や江戸幕府への提出文書では、苗字を書かなかっただけのことである。江戸時代に私的に提出した山ノ内家への忠誠連判状では、全員が苗字を表記し黒い認印を押している。斬首された小栗山村の喜四郎は、今では小栗山喜四郎と呼ばれているが、彼のフルネームは栗田喜四郎なのである。

各集落の主だった百姓たちは、槍や刀などを隠し持って、密かに武芸の練習をしていた。自分たちの旧領主が合戦などを企画したら、武器を携えていつでも駆けつけます、などという三百余人にも及ぶ連判状を旧領主宛に提出

小栗山喜四郎墓（金山町小栗山）
南山米騒動で罪人として処刑された、小栗山喜四郎（栗田喜四郎）の墓。郷土史研究家たちによって手厚く供養されている。

している。奥会津御蔵入百姓たちの会津盆地百姓とは違う特異な生き方の歴史は、会津史の中では、そのほとんどが明らかにされていない。

旧正月が終わって、雪が落ち着く二月中旬頃（現三月下旬）になると、新左衛門はここ数年ほど、金山谷周辺の名主仲間と連れだって、尾岐郷遅沢村の御蔵入漆蝋改役を務める川島與五右衛門のもとで、学問を積み重ねていた。学問を積み重ねるといっても、「読み書き・そろばん」が中心の学習会であったと思われるが、筆者は最近になって、彼等は『白岩目安往来物』を習っていたのではないかと思うようになっている。

金山町と遅沢の間は、山越えの近道を通ったとしても三十キロ近くはあったろう。寝具と米を背負って雪道を歩き、泊まり込みの学習会を敢行していた。御蔵入に限らず、江戸時代中期以降の郷頭や肝煎・名主たちの学習意欲や向上意欲の旺盛さには、目を見張るものがある。江戸期の日本の文化を支え発展させる中核になったのは、農民や商人のリーダー層の努力が重要な要素となっていると思わざるを得ない。

囲炉裏に新しい薪を継ぎ足すと、新左衛門は何かを振り切るような勢いで立ち上がり身支度を整えて、小雪降る夕闇の中へ飛び出していった。

「水沼の佐五右衛門どんに会ってくる。夕飯も食ってくる」

これが家族への伝言であった。水沼村は、新左衛門の住む大栗山村から二キロほど坂を下った只見川縁にある。

水沼村名主五ノ井佐五右衛門は、五十を少し超えたばかりの生真面目な男で、新米名主であった頃の新左衛門の指導係であった。昨年の秋頃より体調を崩しており、伏せている日の方が多いという噂であった。孝蔵という倅がいて、名主の実務は彼が行っていた。二十代であったがなかなかのしっかり者で、新左衛門たちに混じって遅沢村の川島與五右衛門宅で、学問を習う仲間でもあった。

「今後の方針を、三人で相談しておかなければならない。佐五右衛門どんの考えをしっかりと伺っておきたい。九十年前の米騒動の轍は踏みたくない」

坂の途中頃から、雪が激しく降り出した。菅笠をかぶり、この地方ではヒロロと呼ばれる植物を乾燥させた素材で編み込んだ蓑を身につけているので、寒さは感じられない。越後山脈やその他の山々に囲まれている場所なので、吹雪になることは少ないが、湿った雪が音もなくしんしんと降り積もる地域なのである。

佐五右衛門の家の入り口付近は雪が踏み固められて、広々とした空間が作られていた。恐らく倅孝蔵の仕事であろう。

「まめな奴だ」

新左衛門の頬に、微かな笑みが浮かんだ。自分の後継者になりそうな若者が、身近なところで育っていることが嬉しかったのだ。笠と蓑に降り積もった雪を払い落として、入り口に積んであった薪の上に置くと、がたつきのある引き戸を開けて声をかけた。

「ごめんなんしょ。大栗山の新左衛門だも」

囲炉裏の周りには家族が集まっており、それぞれが手仕事をしていた。藁仕事、針仕事、打ち豆打ちをしている者もいる。名主佐五右衛門は、帳簿付けをしていた。

突然訪れた新左衛門のために、茶の間の囲炉裏に火が焚かれ、小屋で筵《むしろ》織りをしていたという孝蔵を呼び寄せ、三人での相談が始まった。

「やっぱ、與五様にお願げえしてみるしかねえなあ」

新左衛門が結論を出した。

「與五様だったら何とかしてくれやんでねえがあ」

佐五右衛門が同意した。

倅孝蔵は正座している膝の上に置いた握り拳を硬くして、目をことさらに大きく見開いて三度頷いた。

「んだげんじょ、與五様は会津藩のお役人様だがんな。役人仲間の不正に、口なんぞ出せっかなあ」

與五様とは、会津藩蝋漆《ろううるし》改役《あらためやく》川島與五右衛門のことである。奥会津各地の漆の木の管理状況を見回って、指導するのが役目であった。御蔵入の百姓たちは敬愛の情を込めて、彼を與五様と呼んでいたのである。

六、與五様の生き様

蝋漆改役川島與五右衛門、諱は重英《しげひで》。幼名を與一郎といった。安永五年（一七七六）四月十日、尾岐郷遅沢村に生を受けた。父は與五右衛門恭重《ただしげ》、母は高田村郷頭田中種富の次女で名は多賀である。與五右衛門重英の祖父に当たる田中種富は、当時会津平では学者として知れ渡っていた人であった。郷頭の職を早々と嫡男に譲って江戸に上り、学問の探究に勤《いそ》しんでいた。川島家に嫁いできた與五右衛門重英の祖母は、田中種富の妹理喜であった。よって彼は、高田村郷頭田中家の血統と学問的影響を、少なからず受けていたと推察される。

『新編　川島家系譜抄（川島篤著）』によれば、川島家は代々與五右衛門を襲名する家柄で、彼は十代目に当たる。子どもに恵まれなかったため、本来ならば川島家本家の系図は、ここで終了したはずである。しかし、川島家は現在も存続している。その理由については、ここでは触れないことにする。

『新編　川島家系譜抄』を辿っていくと、大織冠《たいしょっかん》藤原鎌足に辿り着く。川島家が御蔵入の蝋漆改役に就いたのは、慶長十六年（一六一一）秋、蒲生秀行の時代であった。川島家二代目與五右衛門には、給米十石三人扶持並びに乗馬免除、馬飼料二石二斗五升を下しおかれたと記録にはある。

川島與五右衛門の家敷跡
（会津美里町東尾岐遅沢）
かつて門があった所が家になっている。この向こう側に屋敷があって、今は取り壊されている。

　家柄もさることながら、十代目與五右衛門自身も深い教養を身につけ、見回り先の百姓たちからも敬愛される存在であったと伝えられている。

　農閑期になると、近隣の百姓のリーダー層である若者たちが、泊まり込みで集まってきて、教えを請うたのである。門弟は、五百人余りいたと伝えられている。

蝋漆改役の與五右衛門は、武士階級で会津藩の役人ではあったが、武士としての身分は極めて低く、今風に言えば、城勤めの武士が正社員とすると嘱託くらいの違いがあったのではなかろうか。何代にも渡って百姓たちの生活に密着していたので、彼等の暮らしぶりの隅々まで知り尽くしていたと推察される。

御蔵入地方の名主たちが、役人たちの余蝋買い付けの不正を是正させようと行動し始めたのは、文化七年（一八一〇）頃からではないかと推察される。この年から御蔵入は幕府直轄領ではなくなり、会津藩預かり領となっている。この頃会津藩は、名家老田中玄宰の藩政改革の効果によって、財政が若干好転していた時期である。しかし、文化五年（一八〇八）蝦夷地警備に出兵したり、文化七年相模・安房の沿岸に砲台構築を命じられたりして、多額の出

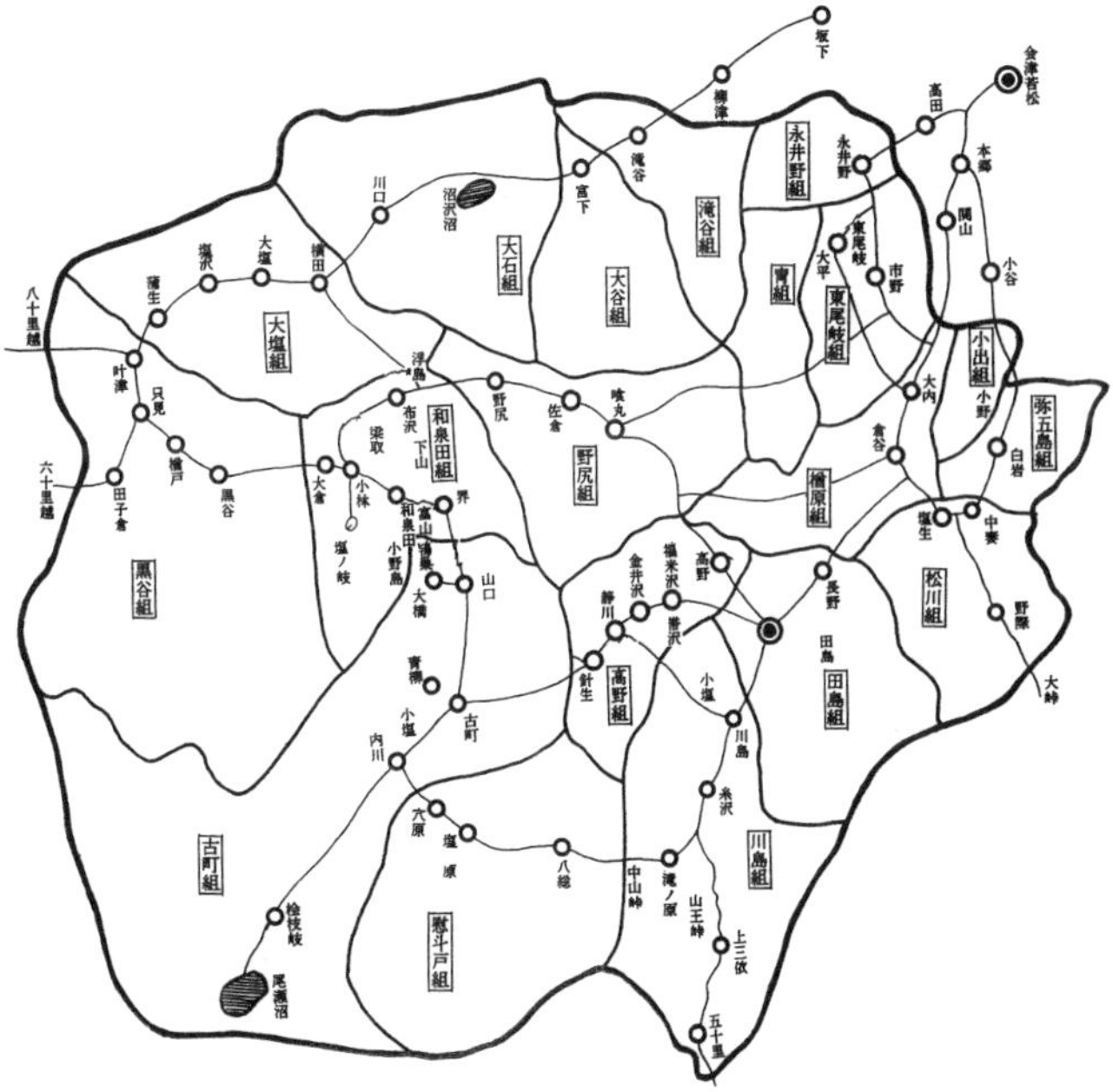

南山御蔵入組別略図

費を余儀なくされ、会津藩の財政は苦しくなってきていたはずである。

名家老田中玄宰が文化五年八月に病没した後は、優れた指導者にも恵まれず、幕府や他藩との交渉などが多くなり、内政に対しては、細かく手が回らなくなっていたのではないかと推察される。與五右衛門と御蔵入の百姓たちは、会津藩行政の乱れに気付き、命懸けでメスを入れようと決心したのかも知れない。

御蔵入の名主たちが、與五右衛門にどんな形で相談を持ち掛けたのかは不明である。相談を持ち掛けられた與五右衛門は、すぐに自分が直訴の先頭に立とうと、決心したわけではあるまい。一年間くらいの、葛藤の時間があったと思っている。

御蔵入地方の百姓たちは、凡そ九十年前の享保年間に廻米制度に反対して、幕政を揺るがすほどの騒動を起こした人たちの子孫である。

その時、罪人として斬首された六人の墓がそれぞれの故郷にあり、お盆などには数多くの人々が密かに手を合わせているのを、與五右衛門は知っていたと思われる。御蔵入の百姓たちが、貧困と武士階級の圧政に耐えながら、知恵を絞り力を合わせて日々を生き抜いている姿を、しっかりと見届けている。強力なリーダーが出現して結束したら、米騒動にも匹敵する爆発を起こしそうなエネルギーの沸騰を感じていたのではないだろうか。

一方、人々に学者といわれるほどの学問を積み上げている與五右衛門は、幕府や会津藩の政《まつりごと》の問題点についても気付いていたことだろう。

これは全くの筆者の想像ではあるが、與五右衛門が幕府への直訴の決心を固めたのは、文化七年の秋頃ではなかっただろうか。文化五年八月七日、実学的な手法で会津藩の財政立て直しに成功した田中玄宰が亡くなると、会津藩首脳陣は文化七年に学制を改革し、朱子学の教育強化に方針を切り替えた。切り替えたというよりは、玄宰以前の体制に戻したというのが正しい。藩主松平容衆《かたひろ》の強い要望があったという。

與五右衛門の行動からは、朱子学とは肌合いの違う実学的傾向が見て取れる。これからの会津藩には、百姓たちが望むような改革は出来ないと判断したのではないかと筆者は思っている。

心を決した與五右衛門の行動は素早かった。まず、御蔵入地方の名主たちの説得に取り掛かった。恐らく米騒動の時の幕府の取り調べの厳しさを、つぶさに教えたに違いない。江戸に呼ばれた名主たちの数。旅費や滞在費などの莫大な費用を負担したのは、百姓たちであったこと。会津藩の役人たちが御蔵入地方に繰り込んできて、一人一人を取り調べ、三百人以上に及ぶ百姓たちに罰が下されたこと。

そうなれば人々の生活が成り立たなくなるので、與五右衛門が命を懸けて幕府への直訴を決行すると語った時、御蔵入の百姓たちは涙を流しながら聞き入ったことであろう。

次に與五右衛門が行ったことは、自分の家族の説得である。その時、家族は祖母と母親と妻と自分の三人で、子どもはいなかったとされている。父親は、與五右衛門が幼い時分に亡くなっている。

年老いた母親に対しては、

「もし戦国の世であれば、若年でも初陣に出陣したならば、討ち死にすることもあるのです。太平の世ではありますが、上への御ため、そして百姓たち万民のためにやることですので、帰国できなかった時は討ち死にしたものと思って諦めてください」
会津藩の不正を糺すことは、上へのためであるというのである。「上」とは、幕府を差しているのだろうか。それに対して、母多賀が何と答えたかは、何何処の史料にも書いていない。その上で、箕作《みのつくり》村名主馬場安左衛門に事情を話し、母多賀を見守ってくれるように頼んでいる。

次に行ったことは、妻との離縁である。妻の名や何処から嫁いできたかも、全く伝わってはいない。後から妻が追求されることを恐れて、何処かへ隠したともいわれている。子どもはいなかったとされているが、誰かが引き取って育てた可能性もある。この妻と子どもの隠匿に関しては、御蔵入の名主たちがかなり関与しているというのが筆者の見方である。二百年前の出来事ではあるが、何処かに與五右衛門の妻の伝承が残っていないか、手分けをして訪ね歩いているところである。

一番大切なことは、どんな問題を直訴するかであった。與五右衛門は各地の名主たちから、直訴して欲しい願書を持ち寄らせている。その上、自らいくつかの箇所を廻って、聞き取ったり確認したりした形跡もある。與五右衛門はそれらの問題を十六ヶ条にまとめて、存寄《ぞんじより》（意見書）を作り上げた。その内容は伝わってはいない。記録に残されている與五右衛門の罪状や、周辺に残っている私的文書などから、その一部が推察されるという状態である。十六ヶ条には、次のような事項が含まれていたのではないかと推察することが出来る。

①余蝋売買の不正の是正をすること
②貢蝋を納める場所は若松ではなく、田島の代官所にして欲しいこと
③年貢を取り立てる方法が、幕府直轄領時代と比べて百姓たちにとっては
　良くないので改めて欲しいこと
④塩の専売制度にも問題があること　等々。

十六ヶ条の存寄は幕府と会津藩の両方の行政を経験し、越後商人たちからの情報を持っている御蔵入百姓たちの思いと與五右衛門自身の考えも取り込

んだ、鋭い会津藩行政批判であったと推察される。

さて、訴訟となると莫大な費用が掛かることは、今も昔も変わりはない。與五右衛門と御蔵入百姓たちは、その費用をどのようにして調達しただろうか。『大沼郡誌』によれば、越後水原町某及び須賀川山城屋などから資金を調達したとされているが、幕府に直訴するために江戸へ行く人間に、大金を貸したり寄付するようなリスクを背負うような人はおるまい。どんな口実で借りたのか、資金の提供者と與五右衛門はどんな関係にあったのかは判っていない。恐らくは御蔵入の名主たちが、その借金の保証人となったのに違いない。

文化九年（一八一二）春、沢山の不安と期待を背負って、與五右衛門は故郷尾岐郷東尾岐村遅沢から旅立った。この頃会津藩は相模湾周辺の沿海警備を命じられ、相模国観音崎や三崎に砲台を構築したりして、幕末の混乱に足を踏み込み始めていた。

與五右衛門は蝋漆改役という仕事柄、江戸へは度々来ていたのだろうか。ためらうことなく手際よく仕事を進めた。手際よくといっても当時の訴訟は、いきなり訴状を役所に届けるというようなことは出来なかった。役所に顔の利く、仲介人の手を通すことが必要であった。庶民の訴訟は勘定奉行の担当であったので、勘定所にも出入りしている御殿医某にお願いして提出したと記録にはある。

與五右衛門が提出した存寄の内容は、庶民同士の訴訟ではなく、会津藩預かり地の施政の在り方に関するものであったため、勘定奉行は慎重な取扱いを心がけたようであった。もしかすると十六ヶ条の中には、武家政治経済システムの根幹を揺るがすような項目があったのかも知れない。

まず手始めに文化九年四月二十七日、幕府勘定奉行柳生主膳正久道から飛脚に命令書が託され、次の人々に江戸への呼び出しが掛かった。

滝谷組田代村名主　郡蔵
　檜原村名主　祐右衛門
　西方村名主　喜惣次
　名入村名主　勘十郎
大谷組大谷村名主　孝次郎
　川井村名主　清次郎
　五畳敷村名主　理左衛門
　大成澤村名主　治兵衛
大石組玉梨村名主　清蔵
　板下村名主　直右衛門
　水沼村名主　佐五右衛門
（以上十一名）

そのほか、参考人も呼び出されている。
滝谷組惣代　四人

大谷組惣代　　　四人
大石《おおし》組惣代　　三人
（以上十一名）

これらの人たちは、存寄十六ヶ条の中に名前などが書かれていたのであろう。このように大勢の人たちが江戸まで行かなければならなくなったことで、御蔵入中が騒然となったことだろう。身支度や経費の工面のために郷頭や名主たちが奔走したに違いないのだが、その痕跡や伝承は何処にも残っていない。しかし、御蔵入の百姓たちは見事に対応するのである。

参考人たちは五月二十六日江戸に到着し、会津藩中屋敷に届け出て、博労町に宿を取った。名主たち十一人は五月二十七日に到着し、勘定所に届け出て、勘定奉行の役所のある飯田町に宿を取って、裁きの日を待つことにした。

第一回目の取り調べは六月一日、勘定奉行柳生主膳正役宅の白州《しらす》に於いて行われた。関わったのは、柳生主膳正・御留役馬場金之助・芦沢九郎兵衛であった。御留役とは記録係(書記役)のことである。第二回目は六月二十八日。七月七日には何故か一時帰国を許されて、取り調べは一休みとなった。名主十一人の中で、「次の者たちは第三回以後取り調べは必要ない」ということになった。

西方村名主　喜惣次
川井村名主　清次郎
板下村名主　直右衛門
水沼村名主　佐五右衛門

それに替わって、次の七名が呼び出しを受けている。

滝谷組遅越渡《おそごえと》村名主　長左衛門
大嶺村名主　庄左衛門
西方村名主　吉蔵
大谷組大登村名主　十兵衛

黒澤村名主　　佐吉
桑原村名主　　治郎左衛門
大石組沼澤村名主　　佐兵衛

再度の江戸上りは八月四日。第三回目の取り調べは八月七日より始まり、九月初めの第七回目の取り調べで百姓側は終了となり、九月十七日には全員が帰国を許された。

七回に渡る取り調べの結果、次のようなことが判明したとされている。

①滝谷・大谷・大石組から與五右衛門に提出された願書は、それぞれの組が多数の人々で話し合って相談して作成されたものではない。滝谷組の場合は、與五右衛門が滝谷組の漆木実検分のため遅越渡村に宿泊した時、そこに居合わせた四人の名主たちが、村民に相談することもなく、與五右衛門の指示によって作り上げたものであること。また、大谷・大石組の場合は、與五右衛

門の下役が願書なるものを持参して、各組の三、四人の名主が村民に諮らずに書き写したものであること。よって、組や村人の総意ではないこと。
②余蝋の買い入れについて、会津藩は相場より安く買い入れていると存寄には書いてあるが、事実ではなく単なる噂であること。
③塩の専売制度について非難しているが、問題点についてはすでに改善されて、百姓たちが有利になっていること。
④田代村名主郡蔵は、江戸滞在中の與五右衛門から滝谷・大谷・大石組より金八十両の工面を依頼された。郡蔵は各組に諮ることなく一組十五両ずつ割り当て、滝谷組は郡蔵自身が負担し、大谷組は大谷村名主孝次郎、大石組は玉梨村名主清蔵が負担するなど、一切を郡蔵が取り仕切って與五右衛門に送金していた。
⑤このほか、與五右衛門の命で、下役（若林官平・石井治五右衛門）が余蝋買い上げに必要と称して、郡蔵に五十両の送金を依頼した。郡蔵はこれを用意して送金した。このうち十五両は返済となっている。

⑥與五右衛門は、白河宿の源右衛門なる者より四百両、東尾岐組寺入村の久左衛門なる者より二百両を借り、各組各村に一割二分五厘の利息を取って、余蝋買い上げの手当という名目で又貸ししていた。

⑦下役若林官平や田代村名主郡蔵は、余蝋買い上げのための資金調達という名目で、白紙に署名捺印した用紙を準備するよう、江戸滞在中の與五右衛門に依頼された。二人は該当する地域の名主に諮ることなく、預かっていた印鑑を勝手に使用して、白紙の借用書を準備した。

一方、與五右衛門と同役の黒川大蔵、下役の若林官平・石井治五右衛門等は、七月下旬に江戸へ呼び出された。また、南山の元郡奉行であった坂十郎左衛門・梶原雄三郎・髙橋伴右衛門や藩の郡奉行であった槿山数馬、藩の郡方主役広川刀四郎等も八月中旬に呼び出しがあり、取り調べを受けている。しかし、このグループに関しては、取り調べの詳細は判っていない。

文化十年（一八一三）正月晦日、百姓側の事件関係者一同に呼び出しが掛かった。同年二月六日四つ半（午前十一時頃）、柳生主膳正の邸内白州に召し出され裁断が行われた。

次のような内容が、百姓たちに言い渡された。

過　料　五貫文　滝谷組田代村名主
　　　　　　　　　　郡　蔵
同　　　三貫文　同　檜原村名主
　　　　　　　　　　祐右衛門
同　　　三貫文　同　遅越渡村名主
　　　　　　　　　　長左衛門
同　　　三貫文　同　大嶺村名主
　　　　　　　　　　庄左衛門
同　　　三貫文　同　西方村名主
　　　　　　　　　　吉　蔵

同　三貫文　同　名入村名主
勘十郎
同　三貫文　大谷組大谷村名主
孝次郎
同　三貫文　同　大登村名主
十兵衛
同　三貫文　同　黒沢村名主
佐　吉
同　三貫文　同　五畳敷村名主
理左衛門
御叱り　同　桑原村名主
治郎左衛門
同　大石組玉梨村名主
清　蔵

同　　　　　同　沼澤村名主
　　　　　　　　　佐兵衛

過料の三貫文は銭の単位であり、一文銭千枚が一貫文である（但し、江戸時代は九百六十文を一貫とした）。過料三貫文は現在の貨幣価値に換算すれば、十万円弱というところだろう。

一方、與五右衛門の判決文は次の通りである。

「川島與五右衛門儀、松平金之助（会津藩主七代松平容衆）御預所、奥州会津大沼両郡御年貢並びにお買上げ蠟のほか余蝋の分、近年、金之助領分義、役場へ買入れ候趣につき、以来は公儀お買上げ仰せつけられ候わば、御益これあるべき由存寄の趣き御勘定所へ申立て候節、出府中の雑用に差支え候とて、金子調達の儀、下役人共まで頼み遣わし候ところ、大沼郡の内、滝谷・大谷・大石三組村々役人共より金子借り受け差し遣わし候を、蠟漆の儀につき支配いたし候村々より、右躰金子借受け候は如何の儀とも心つかず證文相認め差し遣わし、その上、余蝋御買上げ方の仕法相定、御勘定所へ相窺い候後、村々に余蝋これなく候ては差支え申すべくと存じ、その筋へ申立て、御差図請けべき心づけもこれなく、白河宿源右衛門そのほかの者共より多分の金子借り受け村々へ手当として貸渡し、または金子調達の手当いたし候とて、滝谷・大谷両組役人共の印形を白紙に取置き、あまつさえ、右余蝋の分、私存寄の趣、御勘定所へ御買上げ直段は下直に相成り、村々難儀に及ぶべき筋にこれあり候段、御預所役人申触れ候由、とりとめざる取沙汰うけたまわり、村々の気受けにかかわり身分立ちがたきよう心得、御預所役人取斗いにつき、品々不束の次第これあるなど、そのほか、預らざる筋違いの儀まで村々の者共申立て候を取用い、出府の上、御普請役元〆へ申立て、殊に若松城下まかり通り候節、出府いたし候を御預所役人差留め申すべしと存じ、虚名（変名）を名乗り、忍び心に通り候始末、不届につき御給米召放され候、但し、向後蝋漆の儀に携り申すまじき段仰せ渡さる」

かくして川島與五右衛門は、蒲生時代から続けてきた蝋漆改役の職を失い、浪人となった。

同役の黒川大蔵と下役六人は、與五右衛門の支配地の百姓たちから金子を集めたり、白紙に印を押させたりすることが犯罪であることを知らずに行ったとはいえ、不埒であるとして「押込め」の刑を受けている。「押込め」とは、自宅謹慎の刑である。

会津藩の武士たちはどうであったかというと、奉行や元奉行始め蝋漆の売買に携わっていた武士たちも、一様に「押込め」の刑を言い渡されている。

この事件以後、南山の余蝋買上げは会津藩内と同じ値段で買い上げられるようになり、御蔵入百姓たちの不満も解消されたという。

江戸幕府勘定所の調書や與五右衛門の存寄が、残されていたわけではない。それなのに、何故このようなことを私たちは知ることが出来たのだろうか。それはこの時、この事件の取り調べの様子を克明に記録していた人物が存在

宮崎村名主中丸伊右衛門の屋敷跡
（金山町宮崎集落）
江戸幕府勘定所で書記を命じられ、その記録を会津へ伝えた。彼のお陰で私たちは與五右衛門や新左衛門の行動を知ることが出来るのである。

したからである。

その人の名は、大石組宮崎村名主中丸伊右衛門という。呼び出し状の中には名前がないので、参考人代表大石組三人の中の一人であったのだろう。江戸への出立に当たって、田島にあった南山奉行所の役人の一人が、江戸に於ける吟味の内容を筆録するよう依頼したのだという。依頼された伊右衛門は、江戸幕府勘定所の許可を得たのか、または密かに筆録したのかは判らないが、『御勘定所御呼出川島一件始終御用留』なる筆録を作成して、南山奉行所に届けたらしい。現在、伊右衛門の末裔である中丸家には、その下書きと思われる文書が残されているという。

当時、伊右衛門の博学と文筆力は、界隈に知れ渡っていた。その力量を知っていた南山奉行所の役人は、江戸幕府の勘定所から取り調べの内容の書記役を推薦するよう依頼された時、中丸伊右衛門の名を告げたのではないだろうか。伊右衛門は、幕府の勘定所で書記役を務めたと記録されている。幕府側には御留役（書記役）二名が付いていたはずであるが、それとの役割分担は判っていない。頼まれた伊右衛門は、勘定所の片隅で取り調べの様子をしっかりと記録して提出したのだろう。宿に帰ってから記憶を辿って、南山奉行所に提出する分の下書きを作成し、上書して届けたのではないかと思っている。伊右衛門の才能と努力のお陰で、筆者は今この文章を書くことが出来るのである。

文化十年二月六日に判決が出されると、百姓たちはすぐに帰郷したが、與五右衛門はそのまま江戸に逗留した。提出した存寄は十六ヶ条であったが、取り上げてもらえたのはそのうちの三ヶ条だけで、それ以外は蝋漆改役である與五右衛門の役目には関係ない内容であるという理由で、不問とされてしまっていた。與五右衛門にとっては、残りの十三ヶ条が行政批判の重要な部分であったと筆者は思っている。

庶民の訴訟は勘定所の担当であったが、当時、武士の訴訟や大名の政治の問題を取り扱うのは、大目付の仕事であった。與五右衛門は、江戸に滞在して大目付への訴えの手立てを模索していたに違いない。

当時の彼の心情を推し量ることの出来る書状が一通残されているので、その概略を紹介する。二月に判決が出て、その約二ヶ月後の四月十日付で書いたもので、宛先は箕作村名主安左衛門と小栗山村名主清吾となっている。

書状の内容の半分くらいが、蝋漆を取り扱う役人たちの不正を暴く言葉が書き連ねられている。

「私は存寄として十六ヶ条を差し出したのですが、三ヶ条しか取り上げてもらえませんでした。十六ヶ条をつぶさに調べれば、役人たちの不正がもっと明らかになったはずです。不正を犯している役人を名指しで訴えて、役人を辞めさせようとしたのですが、思うようになりませんでした」

江戸へ上ることを決めて、母親と祖母を説得した様子も書かれている。

「乱世であれば幼くして出陣し、初陣で討ち取られることもあります。太平の世であれば役人が道に叶わぬ不正を犯した場合、代々この地方を預かる役人として例え自らの身命に換えてもそれを糺すのが、わが川島家の本懐でもあるのです」

また、こんな一文もある。

「私が役人たちの不正を糺そうとしてた行為を見て、会津藩を強請《ゆす》ろうとしたのだと噂している人たちもいるようですが、そんなことを言われたのでは、私の一分が立ちません。もともと、惜しい命ではありません。〝道に叶う〟生き方のため、苦しんでいる百姓たちのために身命を賭したつもりです」

與五右衛門の言う「強請り」に関しては、若干の説明が必要であろう。

会津藩正史とされる『家世實紀』明和元年（一七六四）の項に、「八月二十二日御蔵入大石組郷頭中丸新右衛門親、惣左衛門儀、夫食《ふち》値段違いのことに

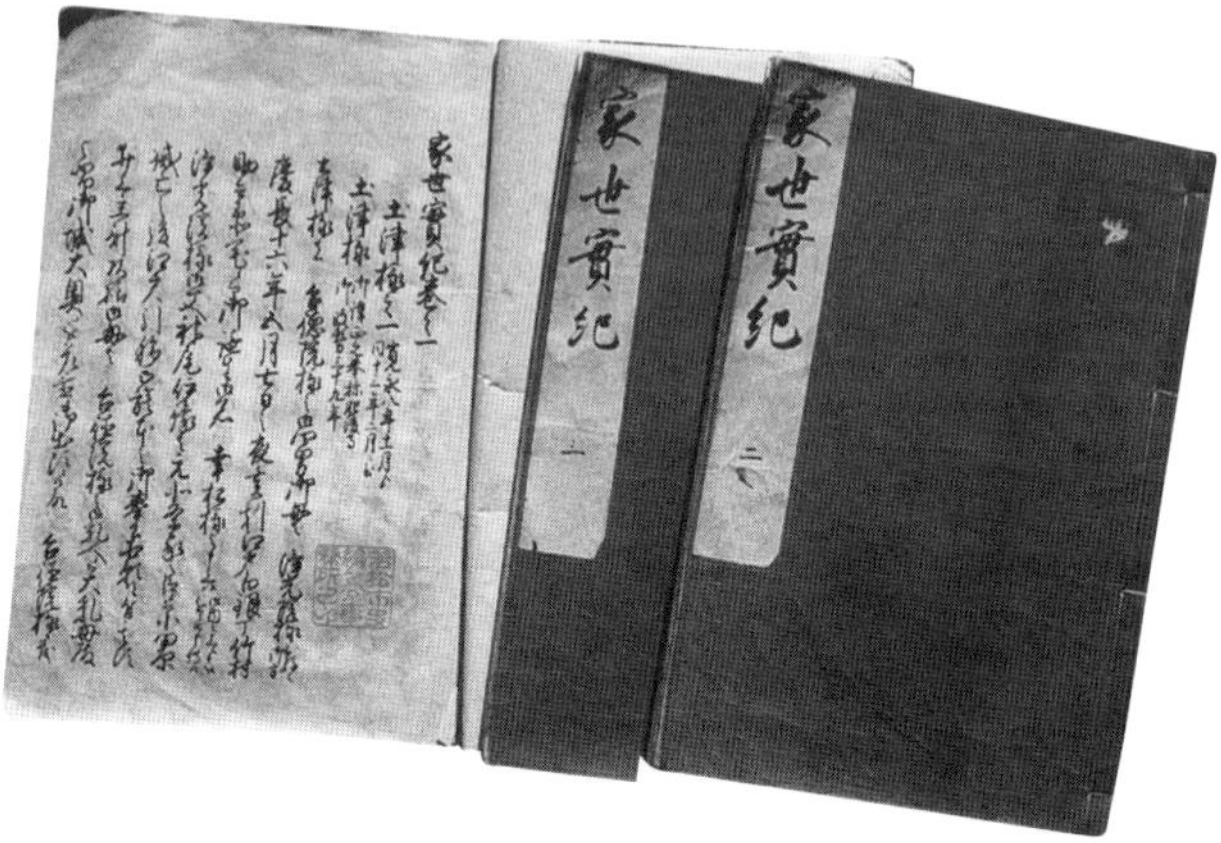

会津藩の正史とされている『家世實紀』
（『会津若松市史６　会津藩政の改革』より）
保科正之が高遠城主となった寛永８年より、文化３年まで175年間の藩政記録である。幼年で領主となった会津藩主７代容衆に、藩政の歴史を伝えることを目的としたと伝えられている。書き残しておくと、将来藩にとって不利益になると思われることまで記述されているところに、高遠衆らしい律儀さが感じられる。

ついて党類一同申し合い公訴を企て、靭負佐《ゆいのすけ》様（松平容章）へ内々申し上げ候に付き、加判の者共詮議を致し、望の通り千五百両相渡す内済相調う」とある。

これは大石組元郷頭惣左衛門が、御蔵入会津藩預かり地であった過去三十二年間に及ぶ扶食米《ふちまい》徴収に於ける不正を調べ上げ、訴えた事件である。惣左衛門は、與五右衛門のようにいきなり勘定所に持っていったのではなく、五代藩主容頌《かたのぶ》が幼少のため後見役に就いていた松平容章の用人相馬九衛を介して、会津藩上級役人へ提出した。藩としては、幕府勘定所などへ持っていかれて問題が大きくなることを恐れ、内々で相談して幕府への提訴は絶対にしないことを条件として、千五百両を渡したという事件である。しかし、この千五百両が、御蔵入の百姓たちの手に渡ったという記録も伝承も残ってはいない。

もし、與五右衛門が会津藩を強請ろうと思ったら、手近なところに成功のモデルがあったのだから、いきなり幕府勘定所に持ち込むことなどしないだろう。與五右衛門は私利私欲などに囚われたのではなく、役人の不正を糺して百姓たちの暮らしが少しでも良くなるよう、世直しのために命を懸けたのである。

七、大栗山村名主新左衛門

この事件は、これで終わったわけではない。一応の決着は付いたようであるが、與五右衛門にとってはここまでが序章のようなものであった。なぜなら十六ヶ条の存寄のうち、解決されたのは蝋漆に関する三ヶ条だけであったからである。

勘定所では、蝋漆改役である與五右衛門が意見を述べることが出来るのは、自分の仕事に関する事柄のみで、他の事項については認められないという立場をとったのである。存寄の原本も写本も残っていないので内容は不明であるが、與五右衛門にとっては残りの十三ヶ条の方が重要であったのかも知れない。妻と離縁までして命を懸けて上洛した與五右衛門は、会津藩の施政改善あるいは財政運営上の不正を指摘して、世直しをしたいという目的を持っていたのではないかというのが筆者の推測である。

勘定所の決裁は二月に出たのに、與五右衛門は会津に帰ろうとせず、九月まで江戸に滞在している。一体、何をしていたのか。おそらく、大目付への上訴を狙って行動していたに違いない。勘定所の担当は、主に庶民の訴訟事である。大目付は大名目付とも呼ばれて、老中の支配に属し諸大名の行動を監察し摘発するのが、主な役割であった。

しかし、江戸に於ける六ヶ月に渡る行動の結果、浪人となってしまった身では、大目付へ持ち込むための仲介人を見つけることは難しいと判断したのかも知れない。あるいは、一旦帰省して御蔵入の名主たちと作戦を練り直そうと考えたのかも知れない。九月のある日、與五右衛門は江戸を発って、東尾岐村遅越に帰ってきた。

この日を手ぐすね引いて待っていたのは、会津藩の上層部である。勘定所に名前を挙げられた会津藩の役人たちには、蟄居というごく軽い罰を与えて藩としての体面は保ったが、大目付などに持ち込まれ徹底的に調べられたら、お取り潰しまではいかなくても、減封くらいは覚悟しなくてはならないと思ったのではないか。江戸にも東尾岐村遅沢にも隠密を配して、與五右衛門の動きを見張っていたに違いない。

会津藩は、戊辰戦争の時に薩長土肥の西軍に痛めつけられたということで同情が集まり、清廉な政治をした藩というような印象を持たれがちである。しかし、親藩であるため薩摩藩や長州藩のように個性的な藩経営をすることが出来ず、慢性的な財政難に苛まれてきたため、現場役人たちの少々の不正行為には目をつぶる風習があったのではないか。

御蔵入地方以外の地域でも役人たちは不正行為をしていたのだが、保科正之以来藩領であったため、幕府の経営の仕方も体験している御蔵入地方の人々より、鋭い目を持っていなかったのではないかと筆者は思っている。

幕府と藩の政治の仕方を体験し、幕領時には統制が緩和されたため、越後商人が多数出入りして情報を豊富に持っていた御蔵入の人々は、会津藩にとって制御しがたいやっかいな領民であったに違いない。当時の優秀な人物が任命されたという郡奉行たちが、御蔵入統制のために四苦八苦している記録があちこちに残されている。

遅沢に帰郷してきた與五右衛門を、会津藩の役人はその日のうちに乗り込んで捕らえたとする史料もあるが、遅沢は預かり領であるのでそれはないだろう。地域の伝承では、次のように伝えられている。

帰郷した與五右衛門に対して、会津藩は城下に出頭するよう何度か要請したという。しかし與五右衛門は、体調不良とか浪人となった身であるから出頭の必要はないなどと言って、要請には応じなかった。

するとある日、遅沢に多数の役人がやってきて家の中に土足で押し入り、與五右衛門を駕籠に乗せて運び去った。遅沢を出る時は普通の駕籠であったが、預かり領を出て藩領である領家（現会津美里町領家）に来た時に唐丸駕籠に乗り換えさせられ、罪人として城下へ連れていかれたと伝えられている。文化十年（一八一三）九月下旬のことであった。

そのまま入牢となり取り調べが行われたが、どんな内容であったかの記録は残っていない。その後の事件の成り行きを見ると、家宅捜査なども行われたと思われる。

年が明けて、文化十一年（一八一四）正月二十四日、大石組大栗山・三更両村名主新左衛門が捕らわれて入牢となった。江戸での取り調べでは名前は出ていなかった人物である。

二月五日には沼澤村名主佐兵衛と水沼村名主倅孝蔵が入牢となった。沼澤村名主佐兵衛は江戸で取り調べられて、すでに御叱りの罰を受けている。孝蔵は江戸へ呼び出しを受けたが、「吟味に及ばず」として帰国を許された水沼村名主佐五右衛門の息子である。

しかし、二月下旬には三人とも出牢となり、大石組宮崎村名主伊右衛門方にお預け謹慎を命じられている。

十一月十九日、謹慎中の三人が所属する村の名主に、三人を連れて二十四日四ツ（午前十時）までに若松の役所に上るよう通知があった。名主三人と謹慎者三名は雪の中を出発したが、大雪のため役所に出頭したのは二十五日になったという。出頭すると、直ぐに徒刑が言い渡された。新左衛門は入牢一年半、孝蔵と佐兵衛は入牢一年と決められた。三人は髷を切られて、ざんばら髪となって刑に服した。

三人がどんな罪で刑を受けたか、一切の記録はない。與五右衛門と新左衛門の交流を調べていくと、次のような推理が成り立ってくる。

與五右衛門と新左衛門の間は、師匠と弟子という関係によって結ばれていた。與五右衛門が江戸にいる間に、新左衛門は何度か書簡のやり取りをしている。その後の御蔵入の人々の様子を知らせていたのだろう。もしかしたら、資金の送付も担当していたかも知れない。冬期間、寝具と食料を背負って與五右衛門宅に行くグループのリーダーは、新左衛門であったに違いない。佐兵衛の住む沼澤村と孝蔵の住む水沼村は、新左衛門の住む大栗山村の両隣で極めて近くである。三人は連れだって、足繁く與五右衛門宅へ通う仲間であったのだろう。

文化十一年二月に新左衛門が初めて入牢させられた時、先に入牢していた與五右衛門の世話で、入牢したばかりの新左衛門に対して夜具が提供されたという。体が丈夫でなかった弟子のことを、よく知っていた師匠の配慮である。弟子は感涙にむせびながら、牢獄での夜を過ごしたという伝承がある。

新左衛門たちが再入牢して一ヶ月が過ぎた十二月二十五日、不思議なことが起こった。沼澤村名主佐兵衛と水沼村名主倅孝蔵は突然釈放されたのである。

「殿様非常の御大赦行わせられ候に付き、徒刑御容赦まかりなり、その上憤みも御免し、すべて落着にて相返され候」と宮崎村名主伊右衛門は書き綴っている。この日なぜ大赦が行われたかは詳らかではない。新左衛門は一人、翌年の十月まで留め置かれたらしい（異説あり）。

もう一人の囚われ人である與五右衛門はどうなったか。この大赦は、與五右衛門には間に合わなかった。この大赦が発せられる一ヶ月前の十一月二十五日、刎ね首の刑が執行され、すでにこの世の人ではなかったのである。

その判決文は、宮崎村名主伊右衛門の筆によって、今でも残っている。

南山御蔵入東尾岐村元蠟漆改役

與五右衛門

この者儀、一己の欲心よりおこり、種々重き偽り地下に申しふらし、或は役場へたいし金子欺き取るべきたくみを以て、不当の紙面におよび、すべて百姓を迷わせしところ、仕方糺しの上、一々白状におよび、郡中取り行いの塞ぎに相成り、上を恐れざる謀斗奸悪の所行、重々不届の至りに候条、牢屋構の内において刎首に行う者也

戌（文化十一年・一八一四年）十一月二十五日

龍門寺参道（会津美里町東尾岐）
川島與五右衛門の遺体は戸板に乗せられてこの参道を登っていったに違いない。山門の辺りには、数多くの村人たちが集まっていた。

龍門寺山門（会津美里町東尾岐）
山門をくぐった首を切り離された與五右衛門の遺体は、首と胴をぬい合わされ、遅沢の墓地に埋葬された。母多賀は健気にもこの場に立ち合ったはずである。

与五右衛門の遺体は、処刑当日のうちに生誕の地東尾岐郷に運び込まれた。川島家の菩提寺である龍門寺で、切り離された首を繋ぎ合わせ、遅沢の川島家の墓地に葬られた。罪人であるという理由で、墓石の建立は許されなかった。明治の時代まで土まんじゅうのままであったが、明治年間に有志たちによって立派な墓石が建立されている。

会津藩では罪人として斬首したのだが、大正十二年四月二十日発行の『大沼郡誌』では、「人物」の項で志士として取り上げてくれている。会津藩にとっては反逆者ではあったが、御蔵入地方の百姓たちにとっては恩人であった。会津藩の判決文にある「〜一己の欲心よりおこり、種々重き偽り地下に申しふらし〜」という一文は、與五右衛門には全くそぐわないものであるということも、與五右衛門の行動を調べれば理解できる。

川島家の墓地（会津美里町東尾岐遅沢）
右側は川島與五右衛門の墓石。左側は與五右衛門の父、恭重の墓石。與五右衛門の墓石が建立されたのは明治の初めのこと。與五右衛門の真後ろの自然石の土まんじゅうは、弟子新左衛門の墓。末裔の本名佐一郎氏が、崩れた墓を補修している。

この頃、会津藩領内は穏やかではなかった。幕府から相模地方の警備を命じられ、多額の出費が必要となっていた。その上、天候不順のため作柄が悪く、各地で一揆が起こり世情不安の雰囲気が漂っていた。文化十年五月には、季節外れの雪が降ったという。財政破綻しかけていた藩を立て直した田中玄宰も文化五年（一八〇八）に亡くなっており、会津藩が滅亡への坂道を転げ始めた時期であった。

師匠とも仰いだ與五右衛門が三十九歳で斬首された時、弟子新左衛門は三十五歳であった。新左衛門は、その後どんな生き方をしたのだろうか。罪が許された新左衛門は、大栗山村に帰村すると再び名主職に復帰させられた。名主は藩からの任命制であったので、他村と兼務させられたり罷免されることも珍しくはなかったのである。新左衛門が優れた人材であることは、藩の役人たちや周辺の名主たちも認めていたのである。

この事件の後、なぜか新左衛門は佐野右衛門と名乗るようになった。当時は年齢によって名前を変えることはよくあることであったが、筆者には、自分たちのために命を懸けてくれた與五右衛門の「右衛門」を頂いて、終生心に留め置くように誓ったものと思えてならない。そして、ひたむきに名主家業に励んだに違いない。

このことがあってから七年後、金山谷地方に大きな局地地震が発生した。文政四年（一八二一）十一月十九日五つ半（午前九時）頃のことであった。会津一円が揺らいだのであるが、沼澤沼（現金山町沼沢湖）周辺が大きな被害を受けた。マグニチュード六・一と伝えられている。凡そ百三十戸の家屋が倒壊し、大小破損の家屋は約三百戸、死者は二名という記録がある。長期に渡って大きな余震が続き、沼澤沼の湖底が抜けるだろうという噂が流れ、人々はパニックに陥った。

田島や若松から役人たちが見分《けんぶん》に訪れ、神社や寺院では厄除けの祈祷が行われた。文政五年正月になっても余震は収まらず、代官所は大石組に対して強制疎開の命令を出した。各集落ごとにまとまって、近郷の他組の集落への避難である。避難民の総数は、二千三百七十七人と記録されている。

この地震騒動の時に、大石組惣代名主として取りまとめに当たったのが、四十二歳になった大栗山村名主佐野右衛門（新左衛門）であった。代官所への連絡や報告、役人とのやり取り、各名主たちとの打合せ、村人たちへの心配り等々。佐野右衛門は、我を忘れて駆け回っていたことだろう。

特筆すべきは、この時の代官所や会津藩の役人たちの被災者たちへの配慮の素晴らしさと、被災者たちを受け入れた周辺の集落の人々の親切心に満ちた行動である。度々飢饉に襲われ、生活は貧しかったはずである。長期に渡って戦争のない平和な時代を生きた人々であるから、このような対応が出来たのであろうか。このことについては、機会を改めてこれからを生きる人たちに伝えておかなければならないと思っている。


佐野右衛門のすごさは、これらの出来事を忙しく活動する中で、『大石組大地震一条』と名付け、しっかりと記録しておいてくれたことである。記録を残してくれたのは佐野右衛門だけではない。沼澤村名主佐兵衛は『変難實録』、宮崎村名主伊右衛門は『地震方始終留』と題する記録を残している。これらの記録によって、私たちは当時の人々の生き方を知ることが出来るのである。

大石組の避難は、凡そ六十日間に及んだ。雪が溶けるにつれて、被災者たちの気持ちは落ち着かなくなってきた。潰れてしまった家屋の建設や壊れた部分の修復の仕事もあったろう。何よりも気がかりなのは、春になれば真っ先に始めなければならない農作業の準備である。村人が蒔き付ける種の手配や肥料の準備に、佐野右衛門は奔走したのである。地震にかき回された金山谷の人々の生活が正常に戻るまでには、その後何年もの歳月を必要としたであろう。おそらく佐野右衛門は村人たちをリードして、復興のために尽力する日々を過ごしたに違いない。

その後の佐野右衛門に関する記録は、今のところ見つかっていない。

大栗山村名主本名新左衛門の屋敷跡
江戸時代の建物は明治時代に焼けて古文書や位牌など全てを焼失した。屋敷周辺の土地も他人のものになった。

筆者の義弟加藤紘一氏が、金山町大栗山集落の依頼で大栗山の歴史をまとめることになったので、少々手伝うことになった。調査がまとまった時点で、集落の方々の前で私が講話をすることになった。二十人くらいの集会だった。

「ここ大栗山には佐野右衛門（新左衛門）という名主がいました。金山谷の人々のためにひたむきに生きた男です」という内容の話をした時、一人の参加者が「それ俺の先祖だ」と叫び声を上げた。

この時から、筆者の佐野右衛門捜しが始まった。叫んだ方の名は、本名佐一郎氏。佐野右衛門の姓は本名であることが判った。

やがて、本名家の系図が明らかになった。佐野右衛門は、初代名主本名仁右衛門から数えて七代目に当たる。本名家は明治時代に火災に遭って、古文書も古い位牌も全て焼失してしまっていた。昭和の初期に一家をたたんで北海道へ移住していたため、伝承さえも残っていない。没年や戒名を調べようと、本名家の墓地に出向いた。名主を歴代務めた名家らしく、立派な石塔が立ち並んでいた。佐野右衛門の祖父・祖母・父・母・弟・息子夫妻の墓はあるのだが、どうしたことか佐野右衛門とその妻の墓が見つからないのである。様々な功績のあった人物なので、特別な場所に埋葬されたのかと考えて、大栗山集落の周辺も捜してみたが見つからない。本名家の菩提寺である高林寺の復興に貢献したということを耳にしたので、菩提寺に葬られた可能性もあると思い、寺周辺の墓地もくまなく調査したが手がかりはなかった。

墓捜しを始めて一年くらいたった時、ふと思い出したことがあった。與五右衛門の墓を捜していて、遅沢の川島家を訪ねた時のことである。川島家の屋敷内の畑で大角豆《ささげ》を収穫していた老婆が、與五右衛門の墓地への坂を登り

本名家の墓地（金山町大栗山）
新左衛門の祖父母、両親、弟、息子夫妻の墓はあるのだが、新左衛門夫妻の墓は見つからない。この物語はここから始まった。

かけていた私の背に声をかけてきた。

「與五右衛門の傍には、奥の方の弟子も埋まっていんだぞう」

　與五右衛門の墓を捜していた私には、「奥の方の弟子」はどうでもよかった。

「はーい。ありがとうございまーす」

「奥の方」とは、会津盆地やその周辺に住む人たちからみれば、御蔵入地方のことである。佐野右衛門であれば、與五右衛門の傍に埋まることもありそうではないか。私は遅沢の川島家の墓地に何度通ったことか。川島家の墓地は山の斜面の鬱蒼と繁った杉林の中にある。文字のかすれた石塔の苔を洗ったり、指で文字をなぞったりして墓石の一つ一つを調べてみたが、佐野右衛門の名も新左衛門の名も見つけることは出来なかった。

「迷ったら原点に帰る」

これは私の座右の銘である。薄暗い杉林の中にひっそりと佇む與五右衛門の墓石の前に小半時も腰を下ろし、與五様に問いかけてみた。

「佐野右衛門は、何処へ行ってしまったのですか」

その時、與五様の声が聞こえてきたように思えた。

「私の墓の石塔でさえ明治の初めになって、心ある人々によって建てられたのだ。私は罪人扱いされていたのだから、私の傍に埋まるという弟子の墓に、石塔など建てられるはずがない。土まんじゅうを捜しなさい」

「奥の方」から出てきた弟子は、川島家の墓地の隅の方に、ひっそりと埋めて頂いたに違いないと考えた私は、墓地の周りの杉林を捜し始めた。土まんじゅうらしきものは見つからなかった。墓地の入り口の方から始めて、一メートル区切りで斜面を上下しながら墓地の中頃に来た時、私の足は止まった。與五右衛門の墓の真後ろに、一抱えほどの自然石が不自然に転がっていた。名家の墓地らしく、周辺には立派な石塔が立ち並んでいるので、全く不自然

新左衛門の墓（会津美里町東尾岐遅沢）
佐野右衛門（新左衛門）の土まんじゅうの墓に手を合わせる本名佐一郎氏。佐野右衛門は本名家７代。佐一郎氏は13代の末裔。佐野右衛門死後約200年の時空を超えた出逢いである。

であった。大きな自然石の下をよく見ると、大人のこぶし大の川原石が大量に積み重ねられていた形跡があった。

「これだ！　佐野右衛門はここにいた！」

與五右衛門が斬首されてから約二百年。佐野右衛門はその後二十年くらいは生きたであろうから、百八十年くらいは経過しているはずである。土まんじゅうの土は風雪に洗われて、石だけが残った姿であった。

佐野右衛門は、自分たちのために命を投げ打って、生活に苦しむ百姓たちを助けてくれた師匠與五右衛門の真後ろに、百八十年間に渡ってじっと控えていたのだ。今後も、未来永劫に渡って、師匠の真後ろに控え続けるつもりなのである。

謎は沢山ある。

ここに埋めて欲しいという申し出は、佐野右衛門からあったのであろうが、川島家がよくぞ承知したものである。両家の菩提寺の許可は頂いたのか。それとも無断で秘密裏に実行したのか。大栗山村から遅沢村まで、遺体をどうやって運んだのか。それとも、焼いて遺骨にして持ってきたのか。刑死した者の傍に埋まるなどという行為が幕府や会津藩に知れたら、関係者が処罰されることは必定である。周辺の人々の口を、どんな方法で塞いだのか。

本名家の菩提寺高林寺様のご協力のお陰で、大栗山村名主佐野右衛門夫妻の戒名が明らかになった。

・本名佐野右衛門　義山泰仁清居士

天保六乙未二月

・佐野右衛門妻　義廓妙真清大姉
弘化元甲辰七月十五日

佐野右衛門は、天保六年（一八三五）二月に五十六歳で亡くなっている。その妻は弘化元年（一八四四）七月十五日に亡くなっているが、名前も年齢も判っていない。彼女の墓は現在も見つかっていない。

八、もう一人の御蔵入百姓

川島與五右衛門が生まれ育った東尾岐村遅沢の西側の山裏に、冑《かぶと》村沼ノ平と呼ばれている小さな集落がある。「ぬまのたいら」と読むのだろうが、周辺の人々は「ぬまんていら」、あるいは「ぬまんでいら」と発音する。

『新編会津風土記』によれば、冑組の項に「沼ノ平村」とある。文化年間の戸数は八軒。ここに長嶺八郎治（治郎太輔）という名の百姓がいた。彼が死亡した年から逆算していくと誕生したのは文化三年（一八〇六）、川島與五右衛門が斬首された時は九歳であったことになる。八郎治は通称であり、諱は容重《かたしげ》。父親は胤重《たねしげ》といい、代々沼ノ平村の名主職を務めていた。文政五年（一八二二）八郎治は学問を学ぶため十七歳で江戸へ赴き、その後、馬関や長崎に出向いてオランダ人との交易を企てたが、果たせずに帰国している。

天保九年（一八三八）三十三歳の時、冑組二十一ヶ村の惣代名主となり、下谷地村外一村の名主も兼務した。天保四年（一八三三）から八年頃まで会津地方は天候不順が続き、全国的にも不作に悩まされていた。その上、会津藩は国政に駆り出されて、北方警備や江戸湾警備に関わり、極度の財政難に悩まされていた。財政が苦しくなると、生産手段を持たない武士政権は、百姓たちの年貢や冥加金を吊り上げて凌ぐしか手段を持っていない。

会津盆地内の肥沃な土地に住む百姓たちは、年貢率が少々上がっても何とか対応できた。米で物納すれば、義務を果たすことが出来たのである。田圃が少ない御蔵入の百姓たちは、年貢の全てを米で納めることが出来なかった。米の不足部分は銭で納入していた。この制度を石代納という。年貢率が上がると、納入する金銭の額も多くなる。百姓たちが金銭を取得するのにも、大層な努力が必要であった。

山菜を採って、加工して販売する人。大豆を栽培して、加工業者に売る人。農業の傍ら、運送業に携わる人。他人より金を借りて、それを小分けして周辺の人に貸し付ける人。御蔵入の人々は苦労しながらも、他の地域よりは頻繁に、様々な形で貨幣を流通させて凌いでいた。ぎりぎりの生活をしているところに、年貢率上昇のおふれなどが出されると、人々の不満は爆発する。そんな情勢の中で、八郎治は名主として人々を励ましたり、資金を都合したりして、生活を維持する手助けに力を注いでいた。優秀な名主として名が知れ渡り、幕府や藩の役人たちからも信頼されていたのである。

安政六年（一八五九）、江戸周辺は安政の大獄の嵐が吹きまくっていた。河沼郡や大沼郡では、石代納を安くして欲しいという安石代納運動が激しくなっていた。中央も地方も、文字どおりの政情不安に陥っていたのである。

翌、万延元年（一八六〇）三月三日、桜田門外で、大老井伊直弼が脱藩水戸藩士等に襲われて落命している。

一方、生活に窮した会津地方の百姓たちも行動を開始した。二百七十一ヶ村（二百七十六ヶ村という説もある）の百姓たちが、一人の男を代表に選んで、江戸幕府へ安石代納の直訴を企てたのである。その代表となったのが、沼ノ平村名主長嶺八郎治であった。自ら名乗り出たのか、周囲の人々から懇願されたのかは不明である。命懸けの仕事であるので、懇願されたのではなく、八郎治が自ら名乗り出たのだと筆者は思っている。

直訴状も八郎治が自ら筆を執って、したためたことだろう。看取り役である善四郎と嘉藤次を伴って、沼ノ平村を旅立った月日は判っていない。万延元年、幕府の閣老久世《くせ》大和守廣周《やまとのかみひろちか》が駕籠に乗って江戸城へ向かう途中、青竹の先に訴状を挿んで差し出した。駕籠訴と呼ばれる手法である。死を覚悟しているので白装束。直ぐに取り抑えられて投獄。その様子は、看取り役の二人によって国元へ知らされることになる。しかし、駕籠訴決行の日付も、今のところ不明である。万延元年春という史料と、同年十月という史料が残っている。

死を覚悟して駕籠訴を決行した八郎治であったが、投獄された八ヶ月後に無罪放免となって、帰郷することが出来た。川島與五右衛門は、帰郷した後会津藩によって斬首されたが、八郎治には会津藩も手を出さなかった。この時、八郎治五十五歳。

なぜ、無罪放免となって帰郷し、会津藩も不問に付したか。八郎治が幕府に差し出した訴状の内容は不明であるが、彼は百姓たちの窮状を訴えただけで、会津藩政への非難はなかったのだろう。もう一つの理由は、それまでの八郎治の名主としての生き方ではなかったか。百姓たちを導き藩に協力したとして、米・金・布などを幾度も賜っている。幕府の代官平岡文四郎と共に、八十里越の新道開きに尽力したという実績も、大きな理由であったと思うのである。

帰郷した八郎治は、無罪放免になったけれども、直訴は御法度であるとして名主の総代職を辞職したが、御蔵入全村の名主たちに懇願されて復職している。

それから三年後、五十八歳になった八郎治は、再び本領を発揮することに

與五右衛門の顕彰碑
（会津美里町関根）
長嶺八郎治が呼びかけて寄付を集めて建立した。誰が誰のために建立したかすぐには判らないようになっている。

なる。罪人として斬首された川島與五右衛門の顕彰碑を建立したのである。與五右衛門が斬首されて、凡そ五十年の月日が流れていた。文久三年（一八六三）六月のことであるから、会津藩はまだ消滅していない。消滅するどころか京都守護職を拝命し、幕藩体制の維持のために先頭に立って活動し始めて二年目、全国から注目されていた最中《さなか》のことであった。

與五右衛門は罪人であったから、墓石を建てることは許されず、墓は土まんじゅうのままであった。現在、墓石が建てられているが、建立されたのは明治の初めの頃と伝えられている。後に贈られた戒名は「太空院殿萬機浄休居士」。

御蔵入の各村々に呼びかけて資金を集め、川島家から二百メートルほど川下にある関根村の不動堂の一隅に、高さ二メートルにも及ぶ大碑を押し立てた。顕彰碑の正面には、「重英霊神」と大書してある。

碑の裏面には、次の文が刻まれている。

「霊神藤原氏其先仕葦名氏云霊神住陸奥大沼郡某村嘗御買上余蝋利郡民徳之亦善書遠邇受業者数百人其辞世距今五拾年人猶追慕不巳茲建石以祭焉

文久癸亥春三月庚戌門人　有志等敬識」

與五右衛門の諱が「重英」であることを知らない人には、誰のために建てられたかを知ることは出来ない。

なぜ単なる顕彰碑ではなく、「霊神」と彫り込んだのか。これは筆者の想像でしかないが、この石碑には八郎治の激しい反骨心が込められているのではないかと思うのである。

この石碑が建立される前年、文久二年（一八六二）二月に、嘉永五年（一八五二）に四十七歳で亡くなった会津藩主八代松平容敬《かたたか》の霊号を「忠恭神霊《まさを》」

会津藩主８代松平容敬の墓地
松平御廟の中ほどに、容敬の事蹟を記した石碑が立っている。これを建立するに当たって、会津藩首脳は建立資金や人足の拠出を要請したに違いない。沼ノ平村名主八郎治は、巧妙な抵抗を試みる。

とすることが会津藩内に周知された。会津藩は神霊碑を建立するに当たって、その費用を名主クラスの人々に寄付するよう求めたのではないだろうか。あるいは、石碑建立の作業のため、大量の人足の提供を命じたのかも知れない。

「そっちが神なら、こっちにはもっと尊い神がいるぞ」と、数多くの人々を救うために命を懸けた、尊敬する與五右衛門の顕彰碑を建てたのだと思いたい。神霊碑は、與五右衛門の生家と墓地の方を向いて、現在もしっかりと立っている。

明治二年（一八六九）十月二十一日、八郎治は六十四歳の生涯を閉じた。「居村沼ノ平村に葬る」と、『大沼郡誌』には記されている。

長嶺八郎治の顕彰碑
(会津美里町仁王寺)
残念なことに草木に覆われていて全体を見ることが出来ない。
(平成30年6月撮影)

長嶺家の墓地(会津美里町沼ノ平)
果敢に生きてみせた長嶺八郎治は、先祖や末裔たちに囲まれて静かに眠っている。

長嶺八郎治の顕彰碑(会津美里町仁王寺)
長嶺治郎太輔と呼ばれるようになっていた。この碑は明治時代の後半、有志によって建立された。この時期だと全体像を見ることが出来る。(平成30年2月撮影)
このような史蹟をきちんと管理できなくなっている寺や神社が会津では多くなっている。市町村行政が指導力を発揮しなければならない時代になっていることを認識して欲しい。

九、終　章

平成三十年（二〇一八）は、戊辰会津戦争から数えて百五十周年に当たる年であった。会津若松市では「戊辰一五〇周年記念事業実行委員会」が結成され、数々のイベントが実施された。街には、実行委員会が作成した幟が、何本もはためいていた。幟には「「義」の想い　つなげ未来へ―。」とプリントされている。

一人の初老の女性が、私の耳元で呟いた。

「何ゆってんだべ。よぐわがんねえ」

筆者は、答える言葉を持っていなかった。「よぐわがんねえ」かったからである。

「義」という言葉を辞書で調べてみる。

『広辞苑』

道理。条理。物事の理にかなったこと。人間が行うべきすじみち。

利害をすてて条理にしたがい、人道・公共のためにつくすこと。

『明鏡国語辞典』

人として行うべき正しい道。利欲にひかれず、筋道をたてる心。

幕末に於ける会津藩士と呼ばれている武士集団の行動を見る時、何処に「義」の心を観ることが出来るのだろうか。保科正之が制定した「十五ヶ条の御家訓」に従って、幕府のために京都守護職を引き受け、幕藩体制の維持のために貢献している。

この行為は松平春嶽に責められた結果の行動であり、自ら進んで引き受けた役目ではないけれども、江戸城開城までは、「十五ヶ条の御家訓」に従って、将軍に対する忠義を貫いたと言える。会津藩士の「義」は、忠義の「義」であって、それ以外のなにものでもない。この「義」は認めよう。

それ以後の戊辰会津戦争は、新政府軍から振りかけられた火の粉を払うために、必死に戦っただけである。「義」などという言葉に関わる余裕は、存在しなかったというのが実態であろう。

この時期の会津の武士集団の行動に関しての後世のイメージは、「悲運」「ひたむき」「正義感」「薩長の理不尽」等々、同情的な言葉で表現されている。故に、世間一般では会津藩士に対する好感度が高い傾向がある。

しかし、会津の武士集団の魅力は、それではない。彼等の魅力は、行為の中に中世的な美学を宿しているところにある。中世的な美学とは、高遠城主仁科五郎盛信とその家臣たちの落城時の生き様・死に様である。彼に従った武将やその家族たちも、劇的な行動を取ったことは前述の通りである。

平成三十年十月二日、仁科五郎盛信に会うために、筆者は高遠への旅を企てた。高遠は現在、長野県伊那市の一部になっている。

高遠は山々に取り囲まれた、小さな町であった。土地全体が緩やかな傾斜地で、盆地や平野のような平らな部分が見当たらない。傾斜地を削って平地を作り、家屋が段々と並んでいるのである。田圃は少なく、小高い山の上まで耕したり建物が立っていたりする。

この土地から最上に移動していった当時の高遠の人々は、大きなカルチャーショックを受けたことだろう。

建福寺の裏山から見た高遠の街並み
高遠の街は、緩やかな傾斜地を削って構築されていた。手前は建福寺の墓地。

その時、保科家中は、武士は勿論のこと、文章のたしなみのある百姓を士族として取り上げ、同行させたという記録がある。後に残った人々の困惑も想像できるほど、こじんまりとした佇まいの街であった。

高遠の街中には、旅館の看板を上げているところが二軒ほどあったが、電話をかけてみると「今は休んでいます」「その日は休業日です」などという返事が戻ってきた。地元の旅館に泊まって、宿屋の主人などの話を聞きながら二～三日を過ごそうと思っていたのだが、計画を変更せざるを得なかった。伊那市内のビジネスホテルを宿にして、高遠観光タクシー取締役春日さんに、案内役をお願いすることにした。

仁科五郎盛信の石像（高遠町五郎山）
頂上には、天正10年（1582）に自刃した高遠城主仁科五郎盛信の石像が建てられている。左側の祠は盛信の墓。今でも供物が絶えることがない。

仁科五郎盛信の石像への登り口
盛信の遺体が葬られた、五郎山への登り口。細い山道を登りつめた頂上に盛信の像と祠がある。像の左手には、高遠城趾が見える。

仁科五郎盛信は、五郎山の頂上に祀られていた。自刃した後、首を掻き取られた盛信の遺体は、勝間村の人々の手によって葬られ、祠が建てられている。彼の石像は、個人によって昭和六十三年に建立されたという。五郎山の頂上から、盛信は高遠の街並みを今も見守っている。五郎山に連なる近辺の峰々には、副将小山田備中、渡辺金太夫、諏訪はな等々、盛信と共に散った勇士たちも葬られているのである。

五郎山から見下ろす位置に、高遠城趾がある。高遠城趾には桜の木がぎっしりと植えられていて、一本一本がよく手入れされている。当日もクレーン付きのトラックが持ち込まれ、数人の業者が作業をしていた。

「維持管理費が、かなり掛かりそうですね」

「人は沢山来てくれますが、ほとんど儲けはありません。でも、この桜は高遠の誇りなんです」

桜の品種は、タカトオコヒガンザクラというらしい。この桜の花の色が紅色を帯びているのは、高遠城が落城した時に命を落とした仁科五郎盛信を始めとする二千五百人の高遠衆の血潮が染み込んでいるからであるという伝承があると聞いた。

天正十年（一五八二）三月二日に落城した高遠城は、同年八月には盛信の家臣であった保科正直（正之の養祖父）たちの手によって奪還され、正直が城主となった。

高遠の武士たちは、城を奪還した天正十年から下総多胡に移る天正十八年（一五九〇）までの約八年間を、ここで生活していた。その後、下総多胡（現千葉県香取郡多古町）に移動を命じられ、慶長五年（一六〇〇）頃までの約十年間を過ごし、関ヶ原の戦い後に再び高遠に転封された。以後、寛永十三年（一六三六）最上転封までの約三十六年間を過ごしている。

戦国武将の亀鑑と讃えられた仁科五郎盛信たちの行為の記憶は、転々と転封を繰り返した高遠の人々の口から口へと伝えられ、後世に残されることになった。

現在、高遠に住む人々も盛信のことを話す時、四百年以上も前に自刃した人なのに、それがごく最近の事件であったように話してくれる。町の運動会とお祭りの時の毎年二回、地元の小学生たちが「孤軍高遠城」という歌に合わせて、舞を舞うのだという。高遠の人々は、いつも胸を熱くしながら、その舞に見入るのだと教えてくださった。

その歌詞を紹介しておこう。

孤軍高遠城

一、きさらぎ寒き月光に
冴える雪山めぐらせて
高遠城はそびえたつ
眉あげて待つますらおに
潮とせまる　あゝ織田の軍

二、色あせたれど武田菱
　この戦ゆえかがやけと
　三峰の流れを血に染めて
　守れば全軍楯となり
　攻むれば一騎　あゝ千を撃つ

三、雄たけびひびくいくたびか
　兜はくだけ矢は尽きて
　高遠城はいまほろぶ
　なすべきをなしほゝえみて
　炎の中に　あゝ腹を裂く

四、花にさきがけ散りゆきし

戦国の世の若武者は
松よ悼《いた》みて風に哭け
苔むす墓にきざむ名は
仁科五郎　あゝとこしえに

高遠に住む人々は、四百年以上の時空を経ても、仁科五郎盛信に対して熱い思いを持っている。最上を経て会津に入ってきた高遠の武士たちにとっても、盛信は将に亀鑑であったろう。盛信を始めとしてその配下の武将たちは、誰かのために命を捨てたのではない。武門を誇る武田武士として、自分の名を汚さないために壮絶な死に方をしてみせたのである。それは、中世の武士たちが持っていた、中世的な美学と言っていいだろう。盛信は、それを具現化してみせた。

高遠から来た武士集団の心の底には、常に盛信的美学が潜んでいたのである。彼等が戊辰会津戦争時に見せた光と陰の根源は、盛信とその家臣たちの生き様・死に様にあったというのが筆者の主張である。

彼等のもう一つの特性は、常に減封や転封を意識していたということである。

明和元年（一七六四）大石組元郷頭中丸惣左衛門に、三十三年間に及ぶ扶持米の不正徴収を指摘された。幕府への直訴を恐れた会津藩首脳は、惣左衛門に千五百両を手渡して他言せぬよう念を押している。

現在の金額に換算すると、一億円を超す金額になる。金子を手にした惣左衛門は、何処へか姿を消した。行方は今も判っていない。

文化九年（一八一二）藩役人の蝋漆買い取り不正を幕府勘定所へ直訴した川島與五右衛門は、江戸からは帰ってきた。しかし、会津藩は罪人として斬首している。大目付へ訴えられることを恐れての行為であると、筆者は推測している。

実現はしなかったが、幕末には会津から他地域への転封も検討されている。

俸禄を支給され屋敷も与えられたが、自分の土地を所有できなかった当時の武士たちは、自分の土地や家を持つ現代人とは違って、土地への執着心は希薄であったと思われる。特に、転々と転封を繰り返してきた高遠衆たちは、行き着いた先でひたむきに生きるという習性が、身についていたのではないだろうか。

明治時代になって、思い思いに各地に散っていき、それぞれの場所で名を成すことが出来た男性も女性も、その大部分が高遠衆の血を引いているのである。高遠衆の末裔たちは、今でも「滅びの美学」を躰の何処かに宿しているかも知れない。

会津に住む会津藩士の末裔の一人が、筆者との会話の中で呟いた。

「会津藩士は、あれだけ全国的に活躍したのに、なんで一人くらい会津に戻ってきて、会津のためにやってくれなかったのかなあ」

「中世から、転々と各地を流れて長野から来た武士集団にとっては、会津は通過点の一つに過ぎなかったんでしょう」

そう答えた筆者も、同類の流れ者である。

会津まつり会津藩士遺族会行列
会津藩士の遺族たちが、全国から集まって会津まつりに参加した。きらびやかな貸衣装をまとい、刀ではなく、太刀を腰に付けていた。会津藩士の姿とはほど遠い。会津まつりのテーマは、いったい何なのだろう。

「会津士魂」「会津武士道」「白虎隊魂」などという言葉は否定しない。それは、武士の生き方の形であるからである。

しかし、武士たちの行動を基軸にして、「会津魂」などという言葉を使うことには、異議を申し立てたい。「会津魂」という概念の中には、百姓も含まれているからである。

江戸時代、家族を含めての武士階級の人口は、総人口の六パーセントであったという説がある。各藩によって様々な事情があるので、各藩ごとにその割合は違ってくる。会津藩の場合は、十パーセント弱ぐらいと考えれば妥当であろう。当時の会津藩内の総人口が三十万人未満とすれば、武士階級の人口は三万人弱である。

なぜこんな曖昧な数字を使うかというと、会津藩の場合は地方御家人がいたり、幕末には士族の名称を金銭で買ったりした士族がいるからである。総人口の十パーセント弱の人々の行動を基軸として、会津人全体を語ることは適切ではあるまい。

ここでいう百姓は、農民とイコールではない。百姓とは、農民・商人・職人・芸人等々、武士以外の一般の人々を指している。

会津の百姓たちは、葦名滅亡時に武士から帰農した者が相当数存在する。

その後、東北の要地であった会津には、名のある武将たちが配属されてきた。侵攻してきた伊達政宗、会津を構造改革した蒲生氏郷、徳川家康に抵抗した上杉景勝と家臣直江兼続、土木工事の名手加藤嘉明親子等々。

会津の百姓たちは、領主が変わるたびにその政策に合わせて、生き方を変貌させて対応してきた。結果、柔軟で強かな生き方を身につけてきたはずである。現在、会津藩士と呼ばれている武士集団のように、単線的な生き方はしていない。

武士と百姓は、同じ時代を生きてはいたが、年貢や冥加金を徴収する側と納める側との関係であって、精神的な交流などは極めて希薄であったはずである。

米を基盤にした経済システムの行き詰まりには気付いていた武士も存在したとは思うのだが、二百年以上にも渡って改めようとはしなかった。

しかし、米の収穫量が少ない御蔵入地方では、貨幣経済のシステムが進んでいて、幕府の施策との食い違いによるトラブルが頻繁に起こっていたのである。

その大きな爆発が、享保五年（一七二〇）の南山米騒動であり、文化九年の漆騒動である。矛盾をため込んでいた百姓たちは、命を懸けて果敢に行動している。

長い時間をかけて、経験と学習を積み上げてきた百姓たちの行動は、幕末の頃には武士階級が侮れない力を持つようになっていった。

郷頭や肝煎・名主などのリーダー層の学習意欲の向上は、目を見張るものがある。

下級武士であった蝋漆改役川島與五右衛門の弟子は、近郷の百姓たちであり五百人を超えていたと伝えられている。

読み書きを教えていたと思われるのだが、諸般の事情からその教科書は、『白岩目安往来物』であった可能性が高い。つまり、訴訟文の書き方を学んでいたのではないかということである。與五右衛門が江戸に上ると決まってからの、百姓たちの動きがてきぱきとし過ぎていると感じている。

評定のため江戸へ呼ばれた宮崎村名主中丸伊右衛門は、勘定所で書記を務めた気配がある。当時の百姓のリーダーたちは、武士階級と匹敵する知識を身につけていたのである。

会津武士階級の終末が悲劇的だったため、幕末の会津地方の歴史は、長い間、武士目線で語り続けられてきた。

武士階級目線で語られてきたもう一つの要因は、昭和初期から昭和二十年の敗戦時まで、白虎隊や会津藩武士たちの説話などが、戦意昂揚の手段として利用されてきたことにもよるだろう。

平成三十一年（二〇一九）で戊辰戦争後百五十一年目に入る。平成三十一年四月三十日で、平成は終末を迎える。武士階級目線で見てきた、誤解と物語性に満ちている会津の幕末の歴史をしっかりと修正して、新しい旅立ちをする時期が、今、ここに来ているのである。

（平成三十一年三月三十一日脱稿）

あとがき

会津の戊辰戦争時の歴史については、様々な事情で変形され、物語化されて伝えられてきている部分がある。

具体的に言えば、「白虎隊の自刃者の人数の件」「戦争時の戦死者の埋葬禁止令の件」「日向内記や佐川官兵衛の行動の件」等々を挙げることが出来る。現在まで、何人かの人々が通説に異論を唱え、地域の歴史関係の雑誌などに記事を掲載したが、ほとんど無視されて目立った反応もない。

戊辰戦争時の様々な出来事は、会津若松の観光産業に活用されてメシの種になっているため、かなり遠慮がちに発表されていることがその理由の一つなのかも知れない。


蘆名氏滅亡以来、様々な武将たちによって統治されてきた会津の民衆は、彼等に合わせるために柔軟で強かな生き方をしてきた。利用できるものは、何でも利用して生き抜く術を身につけている。白虎隊の少年たちの自刃事件を観光資源にして土産物を売ってみたり、コンクリート製の城のイミテーションを造って入場料を頂いたりしている。

筆者は、会津若松市の現状を否定はしない。会津若松人らしい、柔軟で強かな見事な生き方をしていると思っている。

しかし、少数でも良いから誰かが本当のことを知っていて、後世にきちんと伝えていかなければ、何処かで破綻するのではないかと危惧するのである。


今回、勇気を持ってその仕事に取り掛かってみたが、白虎隊自刃の人数の件についてはかなり躊躇してしまった。飯盛山に白虎隊士中二番隊十九人の墓が並び、その墓石の全てに自刃と明記されているからである。その数には、かなり問題があると思っている。

保科正之や会津藩士たちの行動について、批判めいた言動を云々するのは、会津ではタブーであった。そのタブーに対してジャブを数発放って、世間の反応を見ようというのがこの書籍出版の目的である。


権力に逆らった人物の業績は消されていて、罪人としての記録しか残っていない。しかし、彼等は命を懸けて権力に抵抗し、多数の庶民の生活を向上させようと試みている。

私たち百姓の末裔たちが今あるのは、彼等の献身的な行動のお陰であると思っている。この書籍が読まれることによって、川島與五右衛門・本名新左衛門・長嶺八郎治等に関する史料やエピソードが、新しく発掘されることを期待している。

画期的な史料やエピソードが出てきた時には、百姓を主役とした、会津歴史の改訂版を刊行せねばなるまい。会津の歴史は、武士目線ではなく百姓目線で再構築しなければならないというのが筆者の主張である。

会津若松市に限っては、江戸時代の文化の向上や戊辰会津戦争後の復興に関して、商人の努力が大きく関わっていると思われるのだが、市井ではあまり云々されていない。

当時商家を営んでおられた家には、史料などが残されていることだろう。どなたかがまとめられて、祖先たちの功績をアピールすることも、今後必要なことであると思っている。

この冒険的な書籍を発行してくださった歴史春秋社の皆様方には、心中より感謝している。ありがとうございました。

参考文献・資料

『会津戊辰戦争（増補）～白虎隊娘子軍高齢者之健闘～』（復刻版）平石辯蔵　丸八商店出版部　一九二八年
『高遠のあゆみ』「高遠のあゆみ」編集委員会　高遠町・高遠町教育委員会　一九九六年
『信州　高遠藩史の研究』北原通男　北原通男著書刊行会　一九八四年
『「会津の悲劇」に異義あり　日本一のサムライはなぜ自滅したのか』八幡和郎　㈱晋遊舎　二〇一二年
『闘いを記憶する百姓たち　江戸時代の裁判学習帳』八鍬友広　㈱吉川弘文館　二〇一七年
『新編　川島家系譜抄』川島篤　川島召義　一九八三年
『大沼郡誌』（復刻版）大沼郡役所　片岡英三　一九八七年
『金山町史　下巻』金山町史出版委員会　金山町　一九七六年
『天領　南山御蔵入騒動』南山御蔵入騒動記録研究会　一九九三年
『要略　会津藩諸士系譜　上巻』芳賀幸雄　歴史春秋社　一九九七年
『要略　会津藩諸士系譜　下巻』芳賀幸雄　歴史春秋社　二〇〇一年
『会津歴史年表』編集委員代表：五十嵐勇作　会津史学会　一九九四年
『高遠町誌　上巻』高遠町誌編纂委員会　高遠町誌刊行会　一九八三年
『白虎隊精神秘話』飯盛正日　㈲山主飯盛本店　一九八一年

長谷川　城太郎（慶一郎）

会津葦名一族研究会副会長

表紙写真：タカトオコヒガンザクラ（会津若松市）
天正10年(1582) 3月2日、織田軍と戦って落命した2,500人の高遠衆の血潮が染みこんで淡い紅色を帯びていると伝えられている。

セミドキュメンタリー　**心の会津**

令和元年7月20日　初版第1刷発行

著　　者　　長谷川　城太郎
発 行 者　　阿　部　隆　一
発 行 所　　歴史春秋出版株式会社
〒965-0842
福島県会津若松市門田町中野大道東8-1
電　話（0242）26-6567
ＦＡＸ（0242）27-8110
http://www.rekishun.jp
e-mail　rekishun@knpgateway.co.jp
印　　刷　　北日本印刷株式会社